Le
TOP 10
des fantasmes
féminins

Catalogage avant publication de Bibliothèque
et Archives nationales du Québec et Bibliothèque
et Archives Canada

Bray, Julie
    Le top 10 des fantasmes féminins
    (Collection Littérature érotique)
    ISBN 978-2-7640-1472-1
    1. Femmes – Sexualité. 2. Fantasmes sexuels. I. Titre.
II. Titre : Top dix des fantasmes féminins. III. Collection :
Collection Littérature érotique (Montréal, Québec).

HQ29.B72 2010   306.7082   C2009-942346-4

Dépôt légal : 2010
Bibliothèque et Archives nationales du Québec

Pour en savoir davantage sur nos publications,
visitez notre site : www.quebecoreditions.com

Éditeur : Jacques Simard
Conception de la couverture : Bernard Langlois
Illustration de la couverture : Istock
Conception graphique : Sandra Laforest
Infographie : Claude Bergeron

Imprimé au Canada

DISTRIBUTEURS EXCLUSIFS :

• Pour le Canada et les États-Unis :
  MESSAGERIES ADP*
  2315, rue de la Province
  Longueuil, Québec J4G 1G4
  Tél. : (450) 640-1237
  Télécopieur : (450) 674-6237
  * une division du Groupe Sogides inc.,
  filiale du Groupe Livre Quebecor Média inc.

• Pour la France et les autres pays :
  INTERFORUM editis
  Immeuble Paryseine, 3, Allée de la Seine
  94854 Ivry CEDEX
  Tél. : 33 (0) 4 49 59 11 56/91
  Télécopieur : 33 (0) 1 49 59 11 33

  Service commande France
  Métropolitaine
  Tél. : 33 (0) 2 38 32 71 00
  Télécopieur : 33 (0) 2 38 32 71 28
  Internet : www.interforum.fr

  Service commandes Export –
  DOM-TOM
  Télécopieur : 33 (0) 2 38 32 78 86
  Internet : www.interforum.fr
  Courriel : cdes-export@interforum.fr

• Pour la Suisse :
  INTERFORUM editis SUISSE
  Case postale 69 – CH 1701 Fribourg –
  Suisse
  Tél. : 41 (0) 26 460 80 60
  Télécopieur : 41 (0) 26 460 80 68
  Internet : www.interforumsuisse.ch
  Courriel : office@interforumsuisse.ch

  Distributeur : OLF S.A.
  ZI. 3, Corminboeuf
  Case postale 1061 – CH 1701 Fribourg –
  Suisse

  Commandes : Tél. : 41 (0) 26 467 53 33
  Télécopieur : 41 (0) 26 467 54 66
  Internet : www.olf.ch
  Courriel : information@olf.ch

• Pour la Belgique et le Luxembourg :
  INTERFORUM BENELUX S.A.
  Fond Jean-Pâques, 6
  B-1348 Louvain-La-Neuve
  Tél. : 00 32 10 42 03 20
  Télécopieur : 00 32 10 41 20 24

Gouvernement du Québec – Programme de crédit d'impôt pour l'édition
de livres – Gestion SODEC.

L'Éditeur bénéficie du soutien de la Société de développement des entreprises culturelles du Québec pour son programme d'édition.

Nous reconnaissons l'aide financière du gouvernement du Canada par
l'entremise du Programme d'aide au développement de l'industrie de
l'édition (PADIÉ) pour nos activités d'édition.

Julie Bray

Le TOP 10 des fantasmes féminins

Les récits jouissifs de femmes comme vous et moi

LES ÉDITIONS
Quebecor
Une compagnie de Quebecor Media

Le fantasme :
pour qui ? pour quoi ?

Si les fantasmes ont longtemps été considérés comme tabous, voire honteux, il faut reconnaître qu'ils sont aujourd'hui beaucoup mieux assumés par les femmes. Et pour cause : on réalise que ceux-ci, en plus de participer à l'équilibre psychique, alimentent le désir, intensifient le plaisir et sont le reflet d'une sexualité épanouie. Mais avant d'aller plus loin, entendons-nous sur ce qu'est réellement un fantasme. Certes, il existe une multitude de définitions aussi élaborées que scientifiques pour le décrire, mais je me contenterai ici de dire, parce qu'il y a une certaine unanimité autour de cette définition assez simple, qu'il s'agit d'une «représentation imaginaire de désirs conscients ou inconscients». Les images, les idées ou les sentiments produits par l'esprit génèrent chez nous une émotion et une excitation, notamment sexuelle. Je dis notamment parce qu'il faut savoir que les fantasmes ne touchent pas que la sexualité, mais aussi différents autres aspects liés au désir et au plaisir. (D'ailleurs, le terme provient de l'allemand *phantasie*, notion créée par Sigmund Freud pour désigner l'imagination.)

Au-delà de la définition, il faut savoir également que tout le monde fantasme à tout âge, de façon consciente ou pas, explicite ou non. Et même si l'on a longtemps défendu l'idée qu'ils étaient réservés aux hommes, on admet aujourd'hui que ce n'est pas le cas, que les femmes fantasment autant que les hommes. Seulement, d'hier à aujourd'hui, ces derniers ont toujours été moins pudiques et en ont toujours parlé plus facilement – il aurait d'ailleurs été inadmissible qu'une femme se risque à le faire ! Cela dit – et de là le fait que le fantasme soit aussi propre aux femmes qu'aux hommes –, celui-ci nous permet, si nous allons au plus simple, de nous couper de nos problèmes quotidiens et de combler certaines imperfections du réel, auxquelles le Moi (l'une des instances de la personnalité qui est mise en place et qui permet de passer du principe du plaisir au principe de la réalité) cherche à échapper grâce à l'imaginaire. En d'autres mots, il s'agit d'une sorte de compromis entre le rêve et la réalité, les pulsions et les interdits, qui conduisent sur les chemins de l'évasion. Lorsqu'on comprend cette explication, on comprend aussi que fantasmer ne traduit pas pour autant une insatisfaction, mais plutôt un exutoire qui permet de détourner les pressions sociales et morales souvent fortes – d'ailleurs, et aussi étonnant que cela puisse paraître, les fantasmes se construiraient au moment de l'adolescence, dès les premières masturbations, ou même durant l'enfance vers l'âge de six ans. Par ailleurs, il faut aussi ajouter que les fantasmes sont de puissants aphrodisiaques.

Les psychiatres et les sexologues s'accordent à définir deux types de fantasmes : les fantasmes « créatifs », qui ont pour but d'enrichir une relation sexuelle, de rompre la routine ; et ceux qui permettent de soulever des inhibitions et d'exprimer pleinement une sexualité. Les scénarios érotiques peuvent se manifester à n'importe quel moment, durant la journée comme lors de l'acte sexuel, et se forment en fonction de la personnalité de chaque personne. Parmi les plus évoqués, hors le fantasme sur son partenaire, on note d'abord, pour les femmes, les envies d'étreintes avec une personne en particulier, une célébrité, un inconnu, un collègue ou un ami, ou encore faire l'amour avec une autre femme. Certaines fantasment également à partir de scénarios plus élaborés, ce qui peut se traduire par un rapport sexuel agrémenté d'accessoires ou davantage tournés vers une situation spécifique. En revanche, les fantasmes des hommes sont clairement plus explicites, souvent d'ordre strictement sexuel (fellation, sodomie, exhibitionnisme, expériences échangistes ou avec deux femmes) et sont aussi plus fréquemment assouvis.

Si on va plus loin dans la compréhension du fantasme touchant les rapports sexuels, on s'aperçoit que chaque type a sa raison d'être. Certains favorisent l'excitation, l'accès au plaisir et d'autres, paradoxalement, l'empêchent. Ici, tout est naturellement une question d'individus et d'antécédents personnels. J'emprunterai la catégorisation des différents types de fantasmes au docteur Erick Dietrich qui la présente de façon intéressante et accessible à toutes, dans son livre *Moi, mon couple et mon psy* (Jacques Marie Laffont Éditeur).

1. *Les fantasmes libres ou fantaisies érotiques.* Ils sont élaborés spontanément, ou en réponse à un besoin, après une excitation ou un stimulus sensoriel d'origine exogène. Ils peuvent apparaître en dehors d'une relation sexuelle, mais le plus souvent leur élaboration est concomitante à une situation érotique. Cela se traduit fréquemment avec l'apparition de scènes tirées d'expériences sexuelles antérieures (chez les femmes surtout), l'idée d'être avec une autre personne que son partenaire habituel (chez les hommes surtout) ou, tout à coup, l'envie de positions sexuelles particulières, d'un rapport buccogénital, etc.

2. *Les fantasmes actifs.* Ils sont conçus de façon volontaire pour servir de moyen d'excitation. On les utilise pour activer qualitativement la relation érotique en se substituant en partie à la réalité. Cela se traduit souvent par le fait de s'imaginer faire l'amour dans un lieu insolite, un décor particulier, fabuler sur le partage d'une relation romantique ou, au contraire, une relation sadomasochiste, se prendre pour un voyeuriste,

un exhibitionniste, un échangiste, un trioliste. En fait, tout ce qui favorise votre appétit sexuel.

3. *Les fantasmes préorgasmiques*. Ils sont les plus fréquents. Ils aident à l'accession du plaisir dans le rapport sexuel romantique, sadomasochiste ou échangiste. Au moment de l'orgasme, certains hommes éprouvent ainsi une envie de dominer, d'agresser, de transpercer ou de prendre de force leur partenaire. D'autres, au contraire, préfèrent se laisser aller, s'abandonner, sachant que l'orgasme imminent leur apportera une sensation agréable d'apaisement. Chez les femmes, ce sentiment d'abandon préorgasmique s'accompagne soit d'une fantasmatique romantique, idyllique, voyeuriste, d'un souvenir d'expériences sexuelles antérieures; soit d'un sentiment d'abandon, sous-tendu par des fantasmes de soumission, de rapports sexuels imposés, de rapports sadomasochistes, d'exhibitionnisme ou de sexualité de groupe.

4. *Les fantasmes postorgasmiques*. Ils sont très intéressants, car ils paraissent plus liés à un état psychocorporel qu'à une activité imaginaire. L'état postorgasmique varie en fonction de la qualité de l'orgasme et de la bonne résolution des tensions musculaires et pelviennes. Dans un contexte d'insatisfaction et de frustration, une activité fantasmatique agressive accompagne souvent la mauvaise résolution des tensions et de l'angoisse. L'état de malaise avec une tension associée à une congestion, à une douleur ou à une irritation pelvienne se retrouve également après les orgasmes douloureux (dyspareunie, vaginisme, manque de désir, mésentente conjugale, etc.). L'orgasme peut être de type anesthésique chez des sujets qui rejettent la sexualité et qui refusent l'orgasme. Le «Je ne sens rien» qu'il faudrait traduire par «Je ne dois rien sentir» est souvent le résultat de censures religieuses, sociales ou culturelles, d'ignorance ou d'inadéquation de l'éducation sexuelle. Parfois, il résulte des antécédents, des traumatismes psychosexuels.

Au-delà de la compréhension du fantasme, la question qui nous taraude toutes est de savoir s'il faut ou non passer à l'acte. Pour certains spécialistes, les fantasmes doivent strictement rester du domaine de l'imaginaire pour stimuler la libido, au risque de perdre tout leur pouvoir et d'entraîner une déception au moment de sa concrétisation. En revanche, pour d'autres, ils peuvent (et certains iront jusqu'à dire qu'ils *doivent*) être assouvis afin de soigner certaines inhibitions, pour pallier le manque d'envie et pour faciliter l'atteinte de l'orgasme. Pour ma part, je crois que notre instinct peut nous aider à trancher pour savoir si nous nous sentons vraiment prêtes à réaliser les scénarios érotiques que nous imaginons – et je crois que nous seules pouvons *vraiment* le savoir.

En tout état de cause, et avec la multitude de témoignages que j'ai recueillis à ce jour, je constate que la réalisation des fantasmes en couple correspond plus souvent qu'autrement à une certaine forme de liberté et d'érotisme. C'est un critère de bonne santé, mais à une condition *sine qua non*: respecter la liberté de l'autre et l'accession à un plaisir partagé.

Certaines d'entre vous ont probablement déjà lu certains des ouvrages que j'ai publiés. Et si ce livre se distingue par sa forme – je l'ai écrit autour du thème des fantasmes féminins les plus courants en y ajoutant un certain nombre d'annotations –, il n'en est pas moins le résultat des témoignages que j'ai reçus depuis la parution de mon premier livre, *Nouvelles érotiques de femmes*, d'autant qu'au fil des ans vous avez été nombreuses à me demander de consacrer un livre à cette thématique. Après avoir longuement hésité – pouvais-je commettre un tel ouvrage? –, j'ai donc puisé non seulement dans le courrier que j'avais déjà reçu, mais aussi d'autres confidences encore inédites pour justement regrouper ces récits et ces témoignages autour d'un *top 10* des fantasmes féminins et de leur évocation dans l'esprit des unes et des autres.

CHAPITRE 1

Fantasmer sur le partenaire du moment

Le fantasme le plus populaire chez la femme (mais aussi chez l'homme) est aussi le plus basique d'une certaine façon, puisqu'il met simplement en scène les choses que les femmes ont faites ou encore aimeraient faire avec leur partenaire amoureux du moment. Oui, c'est votre partenaire que vous imaginez le plus souvent, bien avant de rêver de Brad Pitt! Pourquoi? La raison en est simple : parce qu'un homme disponible en chair et en os s'avère beaucoup plus excitant qu'une vedette de cinéma car vous savez que vous avez beaucoup plus de probabilités – de chances! – que votre fantasme se réalise, si ce n'est déjà fait...

Également parce que tous les fantasmes ne sont pas «extrêmes». Je dirais aussi qu'il arrive souvent, dans un couple, que nous n'ayons pas toujours conscience de nos fantasmes, qu'ils doivent se produire pour que nous réalisions que, oui, ce quelque chose qui se produit nous excite terriblement. J'en veux pour preuve cette confidence.

Je ne sais pas ce que cela fait aux autres femmes quand on leur écarte les cuisses toutes grandes et qu'on les pénètre d'un seul coup pendant leur sommeil, mais la première fois que mon partenaire m'a baisée de cette façon, sans prévenir, au beau milieu de la nuit, ça m'a fait une drôle d'impression. Je me souviens simplement d'une queue qui me pénétrait alors que je dormais encore – et pour tout dire, je ne me suis même pas complètement réveillée. J'ai joui dans un délicieux demi-sommeil et presque sans comprendre très bien ce qui m'arrivait. Le lendemain matin, j'étais en pleine forme, radieuse et je m'en suis souvenue comme de quelque chose de formidable. J'ai gardé toute la journée la sensation d'un plaisir jouissif à demi rêvé. J'en ai parlé à mon partenaire qui m'a avoué que c'était un fantasme qu'il avait depuis longtemps: faire l'amour à une femme endormie, totalement inerte et sans volonté. Cela, me dit-il, lui donnait l'impression de puissance qui correspondait à son fantasme de mâle dominateur. Et j'ai réalisé que de me faire prendre de cette façon correspondait aussi à un fantasme que j'avais déjà eu.

Nous avons donc recommencé ce petit jeu troublant de temps en temps. Chaque fois, je ne dormais jamais vraiment, mais je n'étais pas entièrement consciente non plus et, en ce sens, mes sensations étaient différentes qu'en état d'éveil, à la fois plus diffuses et plus intenses.

Mais faire l'amour ainsi, dans un état que l'on pourrait décrire comme second, n'est pas un phénomène exceptionnel. D'autres nourrissent ce fantasme qu'elles ont réalisé autrement. Voici comment une femme me décrit son aventure.

Un jour de l'été dernier où j'avais beaucoup trop mangé et bien trop bu, nous avons décidé, mon amoureux et moi, de nous offrir une petite sieste, question de récupérer un peu. À peine m'étais-je allongée que je me suis effondrée et endormie. Là, j'ai vécu une expérience étonnante et particulièrement excitante. Je flottais dans mon corps et je sentais bien que j'étais trop lourde et trop gavée pour avoir le courage de faire quoi que ce soit, même pas la force d'ouvrir les yeux. Par contre, j'étais parfaitement consciente que mon amoureux me retirait mon jean et ma culotte. J'ai très distinctement senti sa bouche et sa langue frôler, puis se poser sur mon sexe. Après, plus rien ! J'ai cru qu'il m'avait abandonnée et, au prix d'un grand effort, j'ai réussi à ouvrir les yeux. Mais non, il ne m'avait pas abandonnée. Il était même en train de s'activer à me faire un cunnilingus. Seulement moi, je n'éprouvais rien du tout. Je m'endormais malgré moi, immobile et passive. C'est une impression de chaleur extrêmement agréable qui m'a lentement fait revenir à moi. Mon amoureux aspirait mon clitoris en le titillant avec la pointe de sa langue. J'ai réellement eu la sensation que mon clitoris devenait énorme et que mon sexe s'ouvrait. La chaleur a brutalement envahi tout mon corps et je me suis aperçue que je jouissais sans participer. Un formidable orgasme s'imposa à moi, meilleur que tout ce que j'avais connu jusque-là.

Après, quand nous avons pu reprendre notre souffle, mon amoureux m'a dit que j'avais été très longue à jouir et qu'il avait failli renoncer à attendre mon plaisir. Ce qui l'avait incité à continuer, c'est qu'il ne m'avait jamais vue mouiller aussi abondamment, et il ne m'avait jamais entendue crier et jouir si fort non plus. Moi, je ne me souvenais d'aucun détail, je gardais seulement dans mon corps l'orgasme magnifique qui m'avait fait trembler longtemps encore après qu'il eut été fini. C'est pour ça qu'au cours de certains déjeuners, nos amis s'émerveillent de me voir manger et boire avec tant d'enthousiasme.

Il arrive aussi parfois que ce soit le désir qui nous incite à des gestes jamais faits. Il en ressort des expériences étonnantes, comme celle-ci.

J'aime quand, me réveillant au milieu de la nuit, je sens le désir m'envahir. Alors, bougeant doucement, pour ne pas réveiller mon conjoint, je glisse une main entre mes cuisses que j'écarte légèrement. J'introduis un doigt entre mes lèvres et atteins mon clitoris gonflé d'excitation. Me retenant de trop bouger, je me masturbe doucement, et les sensations que je me procure sont accrues par la chaleur du corps de mon mari. Pendant que d'une main je caresse et titille mon clitoris, de l'autre je taquine l'un après l'autre mes seins qui ont les pointes bien durcies. Mes caresses me procurent un orgasme que je subis en me mordant les lèvres pour ne pas crier et en me retenant toujours de bouger le plus possible. Les derniers frissons de ma jouissance estompés, j'essaie de retrouver mon sommeil. Mais peine perdue, je me sens encore trop excitée.

Me recouchant sur le dos, je recommence mes jeux de doigts sur ma vulve, mais cette fois je glisse mon autre main sur la cuisse de mon mari, endormi sur le dos aussi. Sentir son corps sous ma main pendant que je me masturbe augmente mon plaisir. Je risque ma main sur le haut de sa cuisse et touche du bout des doigts son pénis. J'arrête mes caresses, le temps de voir sa réaction. Pour le moment, rien ; alors je glisse ma main sur son membre, pendant que mon autre main s'occupe de mon sexe.

Je suis chaque fois surprise et excitée de voir son pénis augmenter de volume, même s'il dort profondément. Quand il est de bonne taille, je décalotte le gland avec douceur, avec pour toute réaction sa respiration qui s'accélère. Moi, à nouveau au bord de l'orgasme, je dois me retenir pour ne pas me faire jouir immédiatement. Je masturbe lentement le pénis qui prend sa pleine grosseur. Retirant le drap sur le dessus de nos corps, je vois dans la pénombre son membre gonflé. Je n'en peux plus, je veux ce pénis en moi. Je me lève et, enjambant le corps inerte de mon mari, je guide le pénis vers l'entrée de mon sexe. Souvent, c'est à ce moment-là que mon mari ouvre les yeux. Il ne prend pas de temps à comprendre et il dirige ses mains vers mes hanches qu'il caresse. J'ondule déjà mon corps sur le sien. Mon plaisir augmente à chaque mouvement et, pour compléter, je glisse ma main sur mon clitoris que je branle en même temps. En quelques instants, j'atteins un formidable orgasme. Mais ce n'est pas fini!

Mon mari, lui, n'a pas joui et il le voudrait lui aussi, maintenant que je l'ai réveillé! Nos bassins bougent au même rythme et, en un rien de temps, j'ai un nouvel orgasme. Je me relève, retirant ainsi le pénis de mon vagin, avant d'approcher ma bouche de son sexe et de l'avaler goulûment. Il a le goût de mon sexe, ce qui m'excite. Je le caresse de ma langue jusqu'à ce que je voie son sperme jaillir de son membre et exploser sur mon visage. Ensuite, comme si rien ne s'était passé, nous allons à la salle de bain nous laver, puis nous retournons nous coucher.

Tous les fantasmes avec son partenaire n'ont toutefois pas nécessairement la chambre à coucher comme décor – enfin, ce n'est pas là qu'ils «apparaissent», même si c'est là qu'ils se concluent. Parfois, le décor est inattendu et la situation, impromptue. Cette confidence d'une femme est d'ailleurs révélatrice de la nécessité d'un certain état d'esprit où la réalité *est* fantasme.

Je me promenais dehors, dans le bois derrière la maison, un jour un peu gris quand, tout à coup, la brise s'est subitement refroidie et les nuages se sont faits menaçants. Il ne fallut guère de temps pour que les premières gouttes de pluie se mettent à tomber. Bien vite, il plut réellement, rafraîchissant l'air et mouillant mes vêtements, mes cheveux et ma peau. Les pointes de mes seins, réveillées par cette fraîcheur inattendue, se durcirent. Lorsque le premier éclair fendit le ciel, j'étais complètement trempée. Mes vêtements légers me collaient à la peau. À l'odeur de la pluie se mélangeaient maintenant celles de l'herbe et de la terre humides. Les éclairs s'enchaînaient dans le ciel qui semblait être constamment illuminé. Je tentai de me mettre à l'abri sous un bosquet. Puis, ne sachant comment cette idée m'est venue, je me suis dit que tant qu'à être mouillée, il ferait bon d'être nue. Je retirai donc mes vêtements trempés. L'orage gagnait en force et une certaine excitation grandissait en moi. Je me mis alors à caresser mon corps. Mes doigts s'arrêtèrent sur mes seins, pinçant leurs pointes dressées, mais ces caresses ne suffisaient pas à nourrir mon envie maintenant presque douloureuse. N'y tenant plus, je laissai mes mains s'aventurer jusqu'à mon sexe. Mon excitation était si grande que le simple fait d'effleurer mes lèvres humides me fit vibrer. Mes caresses se firent de plus en plus insistantes, de plus en plus précises, mes doigts fouillant mon sexe ruisselant et torturant mon clitoris. Je fus soudain envahie par une vague de plaisir, un plaisir fort, mais si court qu'il me laissa trop peu satisfaite.

Un frisson me ramena à la réalité. J'étais trempée et j'avais froid ; mon corps était maculé de terre et mes cheveux étaient emmêlés. Je me redressai et attrapai rapidement mes vêtements, avant de parcourir la centaine de mètres jusqu'à la maison. C'est alors que j'aperçus mon amant debout à la fenêtre. Sous son regard, je sentis toute ma vulnérabilité. Je tentai de lui expliquer la situation en bredouillant des phrases incohérentes. Mais il m'interrompit : « Mon petit animal... Allez, ne reste pas là, tu trembles de froid... » Je me laissai entraîner vers la salle de bain. Il ouvrit le robinet de la douche et m'y poussa doucement. Le contact de cette eau chaude me fit un grand bien. Il ne tarda pas à venir me rejoindre. « Tu es sale à faire peur, ma petite, me dit-il, laisse-moi arranger ça... » Avec des gestes doux et aimants, il lava mon corps et mes cheveux. Ces caresses réveillèrent mon excitation et mon sexe redevint aussitôt moite. Apparemment, cela ne le laissa pas indifférent non plus. J'entrepris alors de le laver à mon tour. Après l'avoir savonné et rincé, je parcourus son corps de mes lèvres et de ma langue. Son sexe dressé semblait appeler ma bouche ; m'agenouillant devant lui, j'agaçai son gland avec ma langue, ce qui le fit frémir. Coquine, j'arrêtai mes caresses. « Tu es cruelle avec moi, me dit-il, surtout après le spectacle que tu m'as offert sous l'orage... »

Ainsi, il avait réellement tout vu. Je rougis un instant, puis ressentis un frisson de plaisir, sachant bien que ce spectacle l'avait excité. Je repris alors mes caresses, prenant cette fois son sexe à pleine bouche. Je le fis aller et venir entre mes lèvres, le caressant avec ma langue et m'aidant de ma main. Alors que son souffle s'accélérait et que son excitation montait, il me caressait doucement les cheveux. Le sentant atteindre le point de non-retour, je m'arrêtai encore une fois, le laissant sur sa faim. Je fermai les robinets et lui tendis une serviette en lui demandant de m'essuyer, ce qu'il fit. Après s'être séché à son tour, je l'entraînai vers la chambre. Par la fenêtre, on pouvait entendre et voir l'orage qui avait repris de plus belle. Je le poussai sur le lit et étendis mon corps nu sur le sien. Je l'embrassai avec gourmandise, léchant et mordant doucement ses lèvres. Subrepticement, mon bassin ondulait. Toujours allongée sur lui, je fis lentement entrer son sexe en moi, prenant conscience de cette présence qui emplissait mon ventre affamé. Me redressant, j'accélérai le mouvement de va-et-vient de mon sexe autour du sien. Ses mains enserraient ma taille, dirigeaient mon bassin. Égoïste, je me concentrai sur mon plaisir qui montait de plus en plus vite. Lui, il observait mon visage sur lequel les expressions se succédaient. Je gémis de plaisir et je m'effondrai sur lui, le corps parcouru de frissons.

Il m'embrassa doucement, comme pour me calmer. Puis, après quelques secondes de répit, il me retourna sur le ventre et me fit placer à quatre pattes – il me fit l'amour avec force, comme il sait que je l'aime me le faire faire. Ses mains parcouraient mon corps, caressant mes seins et mes fesses. Nos souffles s'accélérèrent, suivant une même progression. Puis, le plaisir m'arracha un petit cri lorsqu'il vint en moi.

Il existe bien naturellement d'autres situations où le fantasme s'est installé dans le couple comme une pratique courante, et souvent les caresses sont un élément de ce fantasme. Ce sont alors les variantes que l'on y met qui continuent de lui donner l'intensité de la première fois.

Quand je demande à mon mari de me masser, je l'invite à me bander les yeux. Cela m'aide à faire le vide autour de moi et me permet de me concentrer sur ses caresses et sur le plaisir qu'il me donne. Je préfère toujours commencer à plat ventre, et avec ma culotte – j'aime sentir mon mari me la retirer quand je commence à être excitée.

Il débute habituellement par la nuque et par le cou ; généralement, cela me fait frissonner et me donne une sorte de chair de poule délicieuse. Puis, il doit masser mes épaules et mes bras. Il se tient alors à genoux au-dessus de moi, mon corps entre ses cuisses, et s'efforce de rendre son massage le plus sensuel possible. Il sait très bien comment je réagis à ses caresses et passe ses mains de chaque côté de mon corps pour les descendre jusque sur mes reins. En même temps, nous échangeons des mots coquins. Peu à peu, c'est tout mon corps qui se transforme en zone érogène. Il dénude mes fesses et les caresse. À ce moment-là, je commence à être très excitée. Il peut tenter une exploration plus osée et venir titiller mon sexe et mon anus. Mais il ne pénètre jamais ni l'un ni l'autre avec ses doigts, une intrusion trop brutale romprait la magie de l'instant.

Puis, après de longues minutes, il me fait me retourner. Il ne s'attaque pas tout de suite à mes seins ; il les contourne, s'en approche puis s'en éloigne. Puis il vient masser mon visage, mon ventre, effleurer mon pubis. Tout l'art du massage érotique, c'est de retarder le plus possible le moment de poser ses doigts sur les zones les plus sensibles. Très souvent, il me fait languir sous ses doigts, si bien que c'est moi qui lui demande de caresser mes seins, mais là encore il y a une progression à respecter : mon mari commence par tout juste en effleurer les bouts. Cela les rend érectiles, et quand il me sent toute frémissante, alors il les mordille et les mouille de salive, puis finit par les pétrir et par les caresser avec plus de force en les pressant l'un contre l'autre. Ça me rend folle de plaisir ! Je suis dans un tel état d'excitation que plusieurs variantes sont possibles : soit je veux qu'il laisse ses mains sur mes seins et qu'il continue de les masser tout en glissant sa tête entre mes cuisses pour me lécher – je mouille facilement et abondamment ; soit je me masturbe, et mon mari vient frotter sa queue sur mes seins tout en essayant de jouir au même moment que moi.

Il y a bien sûr le fantasme qu'on réalise sous l'impulsion du moment ; le fantasme où l'on ajoute un « ingrédient » ou l'on varie le lieu pour rompre avec la monotonie de la relation de couple. Le plus souvent, cela consiste à faire l'amour au lieu de travail de l'un ou de l'autre des partenaires.

Je suis surprise de voir comment fonctionne ma libido et comment se manifestent et se concrétisent mes fantasmes. Je sais que pour les hommes c'est plus simple, il leur suffit de peu pour bander. Installez-les devant un film porno à n'importe quel moment et ils se jetteront sur vous avant même la fin! Les femmes sont plus compliquées dans leur façon de fonctionner, enfin je le crois. C'est moins mécanique, si j'ose dire.

Je peux avoir très envie de faire l'amour sans stimulation. Moi, par exemple, ça me vient comme ça et c'est très violent. Je sens mes seins durcir, ma chatte gonfler et se mouiller, tandis que le désir de faire l'amour devient de plus en plus fort. Je vais vous étonner, mais je ne sais pas me masturber – enfin, pas de façon que je me sente ensuite pleinement satisfaite. Et comme je n'arrive pas à me faire jouir avec mes doigts, il ne me reste plus qu'à attendre mon mari, ou comme je l'ai fait récemment, sur un coup de tête, aller le retrouver à son bureau.

J'avais vraiment envie de faire l'amour et de mettre à exécution mon fantasme de faire l'amour à son lieu de travail. Mon sexe me brûlait, j'avais comme des milliers de petites piqûres entre mes cuisses. Mon mari travaille seul et il ne se doutait pas de la raison de ma visite. J'ai verrouillé la porte du bureau. Je voulais qu'il me prenne, tout de suite, sans attendre, sans le moindre préliminaire. Je lui ai juste dit que j'avais très envie de lui et je l'ai embrassé en dirigeant ma main vers sa braguette. J'ai libéré sa queue qui s'est mise à gonfler et à durcir dans mes doigts. Il a voulu que je le suce, mais c'était ailleurs que mon corps le réclamait. Je me suis assise sur son bureau, je me suis basculée vers l'arrière pendant qu'il me débarrassait de ma culotte et je lui ai ouvert mes cuisses. Il est resté debout, son sexe à la hauteur de ma chatte ouverte et trempée, et il n'a eu qu'à le diriger vers ma fente pour me pénétrer d'un puissant coup de reins. Je me suis mise à gémir et à onduler de plaisir dès les premiers va-et-vient. Je voulais qu'il me prenne très fort, brutalement, sans aucun ménagement, et qu'il se laisse aller, lui aussi, à des excès de langage qui m'aident à jouir encore plus fort.

Il s'est mis à me traiter de salope, de chienne en rut. C'était l'impression que je me faisais de moi – et je retenais mon orgasme pour faire durer le plaisir. Son sexe me faisait un bien fou. Il était en train de me soulager et j'ai explosé, tandis que mes muscles se contractaient de jouissance intense. Quand il s'est retiré de mon vagin enflé, j'avais la sensation d'être moins tendue. Je sais très bien que mon mari aimerait me voir tous les jours comme ça, aussi désireuse et excitée. Il me reproche parfois de ne pas être aussi disponible au plaisir que lui mais quand je me donne, au moins, je ne fais pas semblant.

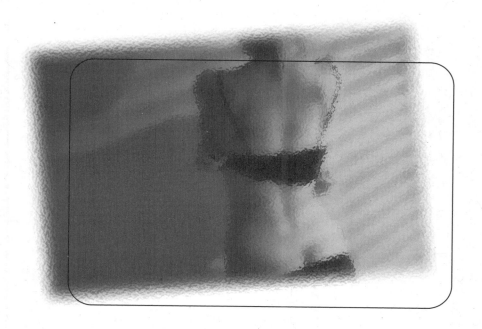

CHAPITRE 2

Faire l'amour
avec un autre homme

Le fantasme qui apparaît invariablement au deuxième rang dans la quasi-totalité des sondages menés sur le sujet auprès des femmes est celui de faire l'amour avec un autre homme, souvent d'ailleurs un ex. Bien que ce fantasme ne soit pas des plus excentriques, il n'en demeure pas moins que c'est souvent celui qui fait le plus se culpabiliser les femmes. Cela s'explique sans doute par le fait que lorsqu'elles revivent des scènes brûlantes du passé, les femmes font appel à des souvenirs

réels (même s'ils sont souvent en quelque sorte bonifiés). Mais arrê-
tez de vous torturer : ce type de fantasme est tout à fait normal ! Des
études montrent que nous ne nous mettons pas nécessairement en
couple avec la personne qui nous a donné le plus de frissons ; plus souvent qu'autrement, la plupart d'entre nous préfèrent privilégier d'autres
aspects de la personnalité, d'autres qualités qui nous paraissent des
éléments plus importants dans la réussite de la vie de couple. Malgré
tout, et même si nous aimons notre partenaire du moment – nous
n'avons pas choisi d'être avec lui sans raison –, il se peut qu'un ex
nous ait beaucoup plus excitées sur le plan physique et que son souvenir revienne parfois nous hanter avec délices – c'est là le propre du
fantasme.

Il y a également d'autres variantes à ce fantasme de faire l'amour
avec un autre homme. Par exemple, fantasmer sur quelqu'un de nouveau, un ami, un collègue de bureau, un serveur au resto du coin. Il
s'agit alors ni plus ni moins que du syndrome «Je veux ce que je ne
peux pas avoir». Mais la morale, comme les infections transmises
sexuellement, nous empêche de faire ce que l'on veut ! De faire, ai-je
dit. Parce que même si nous nous investissons pleinement dans une
relation de couple, les autres hommes ne disparaissent pas pour autant
de notre radar ; il faut donc bien gérer nos désirs adultères d'une façon
ou d'une autre. La manière la plus sûre consiste naturellement à uti-
liser notre imagination (laquelle est remarquablement fertile !) pour
ainsi faire l'amour avec une vedette hollywoodienne, un beau Noir ou
encore avec un jeune.

Il existe une autre variante encore dans ce fantasme de faire
l'amour avec un autre homme : celui de faire l'amour avec un inconnu.
Entendons-nous : dans la *vraie* vie, ce genre de rapports, au mieux, ne
fonctionnent jamais très bien ; paradoxalement, dans nos fantasmes,
ils sont fabuleux. Plus besoin d'entretenir une relation, d'avoir les
pieds sur terre – ce qui est d'un ennui et d'une routine incroyables.

Ici, on parle de sexe pour le sexe, et le résultat, c'est non seulement de la jouissance pure, mais une situation qui nous permet en outre d'être aussi vicieuses et lascives que nous le souhaitons parce que non seulement nous ne le reverrons jamais, mais il ne sait même pas qui nous sommes et ne peut donc pas colporter de ragots sur notre vie sexuelle. Faire l'amour avec un homme «sans visage» est encore plus excitant. Il arrive derrière vous, vous sentez sa présence, sans vraiment le voir, et vous pouvez avoir toutes les sensations du sexe sans l'intimité du regard. Jouir pour jouir, n'est-ce pas là le plaisir ultime?

Souvent, le fantasme de l'ex apparaît à la suite d'ébats qui n'ont pas été complètement satisfaisants ou encore d'une situation qui a plus ou moins dégénéré avec le partenaire du moment. Comme nous ne gardons habituellement que les meilleurs souvenirs de notre ex, nos fantasmes n'en sont que meilleurs. Le meilleur exemple est ce récit – tout imaginé, m'a confié une femme, bien qu'il ait été raconté comme s'il était un fait réel. «C'est justement le fait que je me le raconte de façon si vraie qui le rend si excitant», m'a-t-elle dit.

Mon patron venait de m'engueuler, mon *chum* boudait depuis quatre jours et il avait son match de hockey avec ses copains ce soir-là, ce qui signifiait qu'il n'allait pas rentrer avant très tard. Il y a des moments comme ça! Comme je ne voulais pas rentrer tout de suite pour poireauter seule à la maison, j'ai décidé d'aller faire un tour dans un bar que je fréquentais alors que je vivais seule. Quand le garçon m'a apporté un verre en disant que c'était offert par quelqu'un, j'ai failli tout envoyer promener. Et puis, du coin de l'œil, j'ai observé celui qui me l'avait offert: c'était mon ex, assis à trois tabourets de moi!

Il est venu s'asseoir à côté de moi et il m'a fait rire presque tout de suite. Je lui ai demandé ce qu'il voulait et il m'a carrément répondu: «Faire l'amour avec toi, en souvenir du bon vieux temps.» En quelque sorte, ça m'a émue. Un quart d'heure après, je grimpais avec lui le petit escalier de son appartement. J'étais un peu angoissée, c'était quand même la première fois que je trompais mon amoureux du moment, et qui plus est avec mon ex.

Nous avons pris un verre, puis de baisers en caresses, il m'a proposé de prendre une douche. J'ai accepté. J'étais sous le jet tiède et rafraîchissant quand il est entré dans la salle de bain, nu comme un ver. Ça ne m'a pas trop surprise, mais j'étais étonnée qu'il soit déjà en érection. Une verge que j'ai à peine eu le temps d'apercevoir, mais dont je me souvenais très bien. Il était déjà à côté de moi et il décrochait le pommeau de la douche. Nous avons joué à nous asperger pendant quelques minutes et ça a suffi à me détendre.

En sortant de la douche, il m'a frotté le dos pour me sécher avec une minuscule serviette et il m'a attirée vers lui. Quand il m'a serrée dans ses bras, je me suis rendu compte qu'il bandait toujours – sa queue était dure et brûlante sur mon ventre. Puis, il m'a entraînée vers le lit. Les draps sentaient le propre et la lessive. Pour la première fois, j'ai pensé qu'il bandait depuis si longtemps qu'il allait vouloir venir en moi très vite – ça m'embêtait un peu parce que je me rappelais nos ébats sans fin du temps où nous étions ensemble. Et puis, j'aime les préliminaires qui durent! À ma grande surprise, il a commencé à me caresser comme si nous ne nous étions jamais quittés. Ses mains étaient douces et très adroites; ses doigts curieux et décidés. J'étais si étonnée que je me suis laissé faire sans réagir. Je ne pensais même pas à lui rendre ses caresses. Il m'explorait minutieusement depuis le haut de la nuque jusqu'aux chevilles avec énormément de tendresse. Je me suis ouverte tout naturellement. Abandonnée. Aux paumes de ses mains qui soupesaient mes seins, à ses doigts qui s'enfonçaient dans mes reins, qui enveloppaient mes fesses d'une caresse autoritaire et protectrice, qui remontaient entre mes cuisses pour se plaquer sur ma vulve comme un cache-sexe.

J'étais bien. De plus en plus excitée, mais sans énervement particulier. Contrairement à ce que j'avais craint, il n'avait pas l'air pressé du tout. Il a doucement glissé un, deux, puis trois doigts dans ma fente – merveilleux glissement. Soudain, je me suis dit que je n'avais encore rien fait pour lui et je me suis rendu compte que j'en avais envie. Sa queue était chaude et onctueuse, particulièrement le gland, humide, que j'ai léché comme un gros bonbon ! Ses doigts, qui massaient l'ouverture dilatée de mon vagin, s'aventuraient jusqu'à frôler mon petit bouton, me troublant de plus en plus. J'avais commencé à le sucer avec une certaine retenue. Pas par souci des convenances, mais parce que je savais qu'il m'arrivait de perdre la tête – il m'avait toujours dit que, dans ces moments-là, je devenais brouillonne et maladroite, même si j'y gagnais en passion et en enthousiasme – c'est exactement ce qui était à nouveau en train de m'arriver. J'ai léché ses couilles, dures et contractées, en les inondant de ma salive. Je le suçais de plus en plus voracement. Sa bite enfoncée dans ma gorge, je creusais les joues pour l'aspirer. Mais je n'étais pas en reste et je remuais le cul dans tous les sens pour mieux savourer les trois doigts joints avec lesquels il me pilonnait le sexe.

Il a tant et si bien fait que c'est moi qui lui ai demandé de me baiser ! J'avais envie de son ventre sur le mien, de sa queue dans mon ventre. Il m'a transpercée d'une seule poussée. Nos pubis se sont heurtés avec violence, mais ça aussi me plaisait et il le savait trop bien. Il m'a imposé un rythme violent. Sa queue me labourait avec une vigueur qui me tirait des petits cris d'extase. J'étais incapable de retenir plus longtemps mon orgasme. Je le lui ai crié, mais il n'a pas joui avec moi. Après m'avoir accordé quelques minutes de repos, il a recommencé à me pilonner. J'avais beaucoup joui et les va-et-vient de sa verge provoquaient des clapotis obscènes qui me ravissaient. J'avais de nouveau envie de jouir. Il a posé mes chevilles sur ses épaules. Mes fesses et mes reins ne touchaient plus le lit et j'avais l'impression qu'il pouvait m'atteindre encore plus profondément. Tout en me pistonnant à une cadence de plus en plus rapide, il a faufilé une main entre mes fesses. Ma position me laissait entièrement ouverte à toutes ses entreprises. Il en a profité pour introduire son index dans mon cul ; j'ai joui une seconde fois en mouillant avec abondance. Il y avait bien longtemps que je n'avais pas connu un tel plaisir. Et ce n'était que le début...

Il a sorti sa queue de mon vagin et il l'a coincée dans ma fente. Je lui ai dit qu'il pouvait éjaculer en moi puisque je prenais la pilule. Il n'a pas eu l'air de m'entendre et a frotté sa queue dans le sillon de ma vulve pendant que son doigt continuait à me caresser le cul. Tout à coup, il est resté parfaitement immobile. J'étais si bien partie que je ne me souciais plus de rien d'autre que de mon plaisir. Je l'ai provoqué en donnant des coups de cul et en le suppliant de me baiser encore. Très lentement, son doigt est sorti de mon anus. Malgré la brume qui m'enfiévrait, j'ai compris qu'il allait me sodomiser. Je ne l'avais jamais fait avec mon partenaire actuel, mais plusieurs fois déjà avec lui. Chaque fois, le plaisir m'avait si violemment fait perdre la tête que j'avais déliré et hurlé avec tant de force que j'en avais eu honte. Depuis, j'avais toujours refusé de recommencer.

Mais lui, il ne m'a rien demandé ; son gland a distendu l'anneau de mon cul. J'avais tellement envie de le sentir en moi que je me suis ouverte sans difficulté. Il est entré très lentement, centimètre après centimètre. Je n'avais jamais aussi bien ressenti une pénétration. Je ne me souviens plus précisément de ce que je disais. Des mots sans suite. Des encouragements. Des témoignages de mon contentement et de ma joie. À mesure que sa bite remplissait mon cul, je devenais de plus en plus folle. Un orgasme fabuleux commençait à s'amasser dans mon ventre. Dès qu'il s'est enfoncé profondément et est resté en moi, ça a été comme une langue de feu qui me léchait l'intérieur. Une formidable explosion m'a fait crier de bonheur.

Nos collègues de travail sont souvent les personnes avec lesquelles nous passons le plus de temps – plus qu'avec notre partenaire si l'on tient compte des heures passées à dormir. Du coup, nous apprenons à connaître ces gens qui nous sont imposés par notre travail. Si beaucoup d'entre eux nous laissent indifférents, quand ils ne nous déplaisent pas souverainement, il en est certains qui titillent notre imagination.

Ce jour-là, je faisais une recherche et je devais ressortir un vieux dossier pour vérifier un document. Je vais donc chercher la clé de la salle des archives où sont rangés les dossiers qui ne sont pas encore informatisés, indiquant à un collègue que je devais m'absenter quelques minutes.

Je descends les quelques marches qui me conduisent au sous-sol, j'entre et je referme la porte derrière moi, puis je me mets à chercher la boîte contenant les documents que je suis venue vérifier. Je suis tellement concentrée sur ces recherches que je n'entends pas la porte s'ouvrir; je ne l'entends que se rabattre, puis il y a un bruit de serrure que l'on verrouille. Qu'est-ce qui se passe? C'est mon collègue qui s'est décidé à venir me donner un coup de main. Étonnée, je commence à regarder les étagères quand je sens une main dans mon dos : « Tu trouves ? » me demande mon collègue. « Non, pas encore... », que je lui réponds. Je comprends bien, au ton de sa voix, qu'il n'est pas descendu pour m'aider, mais qu'il a autre chose en tête. « Continue de chercher... », me dit-il.

Je lui tourne donc le dos. À ce moment-là, je sens un baiser sur la nuque, un baiser qui me fait frissonner. Ses deux mains se posent sur ma taille. J'essaie de rester stoïque, continuant de chercher ce fameux dossier, mais ses mains se font plus pressantes. Elles descendent jusqu'à mes fesses qu'elles commencent à caresser tout doucement. Sous la caresse, mes jambes s'écartent malgré moi. Je porte juste une jupe et un petit chandail. Les mains de mon collègue remontent sous celui-ci et défont mon soutien-gorge; il se met à me caresser les seins dont les pointes ont durci sans que je m'en rende compte. Ses lèvres se posent sur mes épaules. Il relève complètement mon chandail pour m'embrasser le dos, tout le long de la colonne vertébrale. Je commence à me sentir très détendue. Puis, alors qu'une de ses mains continue à me caresser la poitrine, l'autre redescend sous ma jupe et s'immisce dans ma culotte.

Une douce chaleur commence à m'envahir. Il me presse contre lui, mon dos calé contre son torse. Sa main se met à caresser mon sexe rasé, puis un doigt s'introduit dans ma fente qui commence déjà à mouiller. Je suis incapable de lire les dates inscrites sur les boîtes d'archives. La main qui me caresse la poitrine rejoint l'autre pour m'écarter encore davantage les jambes. Je suis en extase. Je sens ses doigts partout sur mon sexe. Il se met à faire tourner deux doigts autour de mon clitoris, ce qui m'arrache un gémissement. Pendant ce temps, son autre main glisse plus profondément dans ma culotte. Il introduit un doigt dans mon vagin, je suis complètement déboussolée. Puis un deuxième, et un troisième. Je n'en peux plus. Je suis en transe. Ses doigts vont et viennent en moi. J'ai l'impression que je suis prête à exploser.

Puis, une de ses mains remonte pour se poser sur mes fesses. Là, il introduit son index dans mon anus, doucement – c'est ma première double pénétration digitale. Je n'en peux plus tellement c'est bon! Mon corps ondule sous les caresses, je mouille comme jamais, je me liquéfie sous les doigts experts de mon collègue et je me demande si ce plaisir connaîtra une fin. Je sens soudainement une vague de chaleur me soulever littéralement. Je suis en train de jouir, j'arrive à peine à retenir les cris qui veulent sortir de ma bouche. À nouveau, il m'embrasse la nuque. Je suis perdue, je ne voudrais plus que ça finisse. Puis, d'un coup, des pas dans le couloir, quelqu'un arrive. Mon collègue retire soudain ses doigts de mes orifices, me tapote les fesses, me remonte la culotte, me rattache le soutien-gorge et dit tout haut: «Alors, ça y est, tu as trouvé le dossier?»

Il y a le fantasme de faire l'amour avec un inconnu. Dans ce cas, c'est souvent, très souvent, le sexe pour le sexe. Sans pudeur. Sans retenue. Ce fantasme raconté par une femme est révélateur du genre de relation imaginée dans la plupart des cas.

Il y a quelques jours, j'étais assise dans le métro et je feuilletais un magazine, les jambes suffisamment entrouvertes pour que l'invite soit claire au premier homme qui serait suffisamment audacieux. De fait, il ne fallut guère de temps avant qu'il y en ait un qui vienne s'asseoir à côté de moi. Il portait un imperméable et commença à frotter sa jambe contre la mienne. Je fus immédiatement troublée. Je n'osais pas tourner mon regard vers lui, mais je devinais qu'il était grand et mince. Je portais un petit tailleur de lin, des bas couleur fumée et une culotte en dentelle noire. L'homme prit également un magazine qu'il feignit de lire et, repoussant de la main le pan de son imperméable sur moi, il la laissa fureter entre mes cuisses. Non seulement je ne dis rien, mais j'entrouvris les jambes pour qu'il puisse bien me fouiller. Il glissa les doigts le long de ma fente, par-dessus ma culotte, m'entrouvrit les lèvres et entreprit de me branler doucement. Je devais bientôt descendre, la station Berri-UQÀM était la suivante; je me levai donc, tout en le regardant. Je ne pouvais être plus claire! Il me suivit. Je devinais son regard voyeur, il devait regarder mes jambes, les trouver jolies et avait certainement envie de les caresser.

Je suis entrée dans le premier bar que je croisai dans la rue Sainte-Catherine et je m'installai à une table; il entra à son tour et prit place juste en face de moi. Je quittai mon manteau, dégrafai légèrement mon chemisier et lui laissai entrevoir ce à quoi il aurait droit. Je glissai ma main entre mes cuisses, relevai ma jupe et me caressai discrètement; il n'était pas en reste, il se branlait à travers son pantalon et il avait l'air d'apprécier. Après quelques minutes de «mise en condition», je me rendis aux toilettes qui se trouvaient au sous-sol et il me suivit dans la toilette individuelle. Nous nous sommes montrés sans pudeur, j'avais complètement déboutonné mon chemisier, mes seins étaient dressés, fiers et arrogants. Je me caressai les tétons, et comme mes seins sont plutôt gros, j'entrepris de les sucer moi-même tandis que de l'autre main, je me caressais la chatte par-dessus ma culotte et je prenais des poses indécentes pour m'offrir davantage. L'homme sortit sa bite qui était énorme avec un gros gland rose turgescent – je salivais d'avance. Je m'agenouillai. «J'aime les types bien pervers et vicieux, dis-je, ça m'excite et ça me fait mouiller.» Il se branlait à la hauteur de mon visage, j'agaçais son gland tout doucement, le câlinais avec ma langue. Je pris sa bite tout entière dans la bouche et il me l'enfonça jusque dans la gorge en commençant ses mouvements de va-et-vient. Je promenai mes mains sur ses fesses et glissai un doigt dans son sillon pour doucement titiller son anus. Il gémissait et haletait, me traitant de vicieuse, de salope, m'encourageant à continuer. J'étais excitée. Ma chatte coulait. Il me releva et me plaqua alors contre le mur. Il releva ma jupe, m'arracha ma culotte et enfouit son visage entre mes cuisses. Sa langue me baisait fougueusement et je jouis à plusieurs reprises dans sa bouche.

Il but ma mouille et s'en délecta, mais j'avais très envie de reprendre sa bite dans ma bouche, je voulais qu'il se vide en moi. Je m'agenouillai à nouveau et avalai son membre luisant ; il cracha aussitôt une première fois tout au fond de ma gorge, mais je le refis bander immédiatement en lui léchant les couilles.

Il me culbuta sur le siège des toilettes et me baisa en levrette. Je l'encourageai : « Je suis ta salope. Baise-moi, fourre-moi. Allez... défonce bien ma chatte... » Je sentais ses couilles cogner contre mes fesses, il m'explosait littéralement la chatte. Sa bite était tellement grosse que j'en pleurais de plaisir, et il déchargea en moi. Une fois terminé, nous ne nous perdîmes pas en effusion. Je lui dis de me laisser seule et il me quitta sans dire un mot. Seule dans les toilettes, je me fis jouir une nouvelle fois en m'enfonçant deux doigts dans la chatte en repensant à tout ce qui venait de se passer. Puis, je me rafraîchis, retouchai mon maquillage, remis de l'ordre dans mes cheveux, réajustai ma tenue et quittai le restaurant, sans même m'arrêter à ma table où un verre m'attendait.

D'autres fois, dans ce même genre de fantasme, tout en restant du sexe pour du sexe, il est moins cru, teinté davantage d'érotisme. Comme dans le fantasme raconté ci-dessous, même si l'acte est purement sexuel – le «décor» beaucoup moins élaboré –, il n'en recèle pas moins une certaine part de sensualité et de réalisme.

Je m'imagine dans un train, assise à côté d'un séduisant inconnu. Bien sûr, plus le temps passe et plus la conversation prend une tournure personnelle, pour ne pas dire intime. Et plus la noirceur tombe, plus nous nous échangeons des regards et des sourires complices, nous nous frôlons. Un folle envie de l'embrasser s'empare de moi, envie à laquelle je décide de ne pas résister, ma main posée sur la sienne. « Ferme les yeux », lui dis-je. Il devine ce qui va se passer, et vu la fougue avec laquelle il y participe, je réalise qu'il devait lui aussi y penser depuis un moment. Ses mains commencent à parcourir mon corps, il passe discrètement une de ses mains sous mon chandail et caresse mes seins déjà lourds de plaisir. «Viens, on va aux toilettes, histoire d'être un peu plus tranquilles...», lui dis-je. Il me regarde, sidéré. Comment une fille à l'allure aussi sage que moi pouvait-elle lui proposer quelque chose d'aussi vénérien? Mais sa réponse ne fait aucun doute.

Il n'y a pas grand monde dans le wagon et lorsque nous nous levons pour nous diriger vers les toilettes, le regard des passagers ne fait que nous effleurer. Nous nous enfermons dans le petit compartiment. «Embrasse-moi... caresse-moi...» que je lui murmure. Il s'exécute, et à merveille. Pour lui faciliter la tâche, je ne fais ni une ni deux et je retire mon chandail; il s'occupe de dégrafer mon soutien-gorge. Je me sens de plus en plus emportée, et je sens qu'il est lui aussi fébrile. Une protubérance se dessine nettement à son entrecuisse; je la caresse; sa queue grossit encore. Sa respiration est courte, sèche. Il faut que je lui fasse du bien. Aussitôt que je déboutonne son pantalon, sa queue se dresse face à moi. Je lui ordonne de s'asseoir et je m'agenouille entre ses jambes; je saisis sa queue maintenant toute raide. Elle est belle, elle n'est ni trop longue ni trop petite, mais bien épaisse. Je commence par lécher son gland, puis lui caresse les testicules. Il met une main dans mes cheveux et je me laisse diriger. Pas de doute, il aime ça. Mes va-et-vient sont de plus en plus rapides; je le regarde et vois ses yeux dilatés. Il va bientôt jouir et je suis prête à tout avaler. Je le branle avec mes mains, et lorsque je sens qu'il éjacule, je place sa queue entre mes seins, tout en continuant de la lécher et de boire sa crème onctueuse.

Il me regarde pendant quelques instants. «À moi maintenant de te donner du plaisir, me dit-il. Assieds-toi sur le lavabo.» «D'accord, dis-je, mais tu dois mettre un condom... T'en as un?» «Merde, non...», laisse-t-il fuser, visiblement dépité. «Fais-moi ce que tu veux, dis-je aussitôt, mais tu ne me pénètres pas...» «OK», me répond-il en souriant. Changement de plan. Restant assis, il me prend par les hanches, lèche mes seins, les mordille. Je commence à avoir de plus en plus chaud. Il me tire vers lui et me fait m'asseoir sur ses genoux, m'embrassant goulûment, alors que ses mains partent à l'assaut de mon corps. Je frissonne.

De plaisir. D'impatience. « Lèche-moi… », lui dis-je. « Attends, me répond-il, laisse-moi faire… » Toujours assise sur ses genoux, je sens qu'il bande de nouveau et ça m'excite encore plus. Plutôt que de me lécher, il commence à me travailler avec ses doigts. Je suis tellement mouillée qu'il n'a aucun effort à faire ; un premier doigt me pénètre tout doucement, il exerce de légers mouvements de va-et-vient et en profite pour me caresser l'anus. Je commence à respirer de plus en plus fort. Puis, il m'enfonce un deuxième doigt ; je pousse quelques petits cris, il continue ses va-et-vient, mais en s'enfonçant plus profondément, en imposant un rythme de plus en plus rapide. J'explose, je jouis sur ses doigts, je les inonde. Je me laisse tomber contre lui, l'embrassant avec une tendresse inattendue.

Puis, nous entendons le chef de bord : « Nous allons arriver dans quelques minutes à destination. » Nous sortons des toilettes après nous être rhabillés. Les gens nous regardent bizarrement…

Enfin, il y a le fantasme de faire l'amour avec un inconnu, mais sur une note plus onirique, plus sensuelle, où il n'a pas nécessairement de visage. Dans ce cas, il s'agit davantage d'une atmosphère érotique conduisant au plaisir que du sexe pour le sexe.

Je me laisse bercer au gré du vent, moi qui suis allongée sur un transat sur le pont d'un bateau de croisière pour la première fois ! Je me suis décidée d'y venir seule. Après tout, on ne reste jamais seule longtemps sur un bateau, enfin, si je me fie à ce qu'on raconte et aux films romantiques que j'ai pu voir ! Le vent fait danser ma chevelure blonde, étincelante au soleil. Je regarde devant moi, le plus loin possible, je vois de l'eau, que de l'eau et encore de l'eau. C'est tellement beau l'immensité de l'océan qu'on voudrait s'y perdre… « On voudrait s'y perdre, n'est-ce pas ? » Est-ce ma voix intérieure qui fait écho ? Non, c'est bien la voix d'un homme à mes côtés qui me regarde en souriant. Je le distingue à peine, car il m'apparaît à contre-jour. Je reste là, à tenter de scruter son visage, surprise par ses dernières paroles. « Vous allez bien, mademoiselle ? » « Bien sûr ! J'admirais la beauté du décor ! Je sais, c'est banal, mais je suis véritablement en extase devant cette immensité... » « J'aime beaucoup aussi ! Sans vouloir insinuer quoi que ce soit, on dit que l'eau reflète la sensualité. Si vous aimez l'eau, vous devez être une personne bien dans sa peau et sensuelle... Vous êtes jolie, vous savez... », reprend-il.

L'homme se penche sur moi, passe sa main derrière mon cou en soulevant mes cheveux. Il me caresse la nuque tendrement, et je me laisse aller. Le contact de la douceur de sa main et du soleil est exquis ! Il en profite pour déposer un baiser sur ma nuque. Un léger frisson me parcourt le corps. Tout à coup, j'ai envie de lui. Je me sens en confiance, je me sens prête à m'abandonner. Sur le pont, des gens vont et viennent tout en bavardant. Nous passons probablement pour un couple d'amoureux. Ses mains caressent à présent mes épaules. Tranquillement, il baisse la bretelle toute délicate de ma robe. Sa bouche me donne de petits baisers ici et là, dans mon cou, sur mon épaule. Je soupire d'aise. Ma tête se renverse vers l'arrière. Le plaisir est devenu ma priorité. Me sentant en confiance, il accélère ce qui semble être des préliminaires. Ses mains empoignent mes seins par-dessus ma robe. Je sens qu'on nous regarde – j'éprouve même une excitation à ce qu'on me regarde. Je pose mes mains sur les siennes afin que la pression sur mes seins soit plus forte. Excité, il se met à onduler son bassin derrière mes fesses. Je sens son membre durci contre mon cul. Il délaisse mes seins pour glisser ses mains sous ma robe. Je me sens en transe. « Vas-y, fais-moi l'amour. Oui, je te veux en moi... » sont les mots que je veux prononcer, seulement je les garde dans ma tête.

Soudain, il me retourne face à lui, remonte ma robe en faisant glisser ma culotte inondée et sort sa verge très dure pour me l'enfoncer. Il glisse en moi sans peine. Je suis là, sur le pont, à me faire pénétrer sous le bruit des vagues et le cri des goélands, sans oublier les promeneurs qui nous regardent. Un homme s'arrête tout près. Il me regarde fixement. Je le regarde aussi. Mes ongles griffent le dos de mon partenaire, mes yeux brillants d'excitation foudroient le promeneur curieux. À chaque coup de butoir, je vais à la rencontre du sexe qui me pénètre. Je suis au bord de l'orgasme. Puis, au moment où je jouis, je laisse échapper de petits cris. Mon corps se contracte et l'homme.éjacule en moi.

Le temps que je reprenne mes esprits, que j'ouvre à nouveau les yeux, je m'aperçois que je suis seule, allongée sur mon transat...

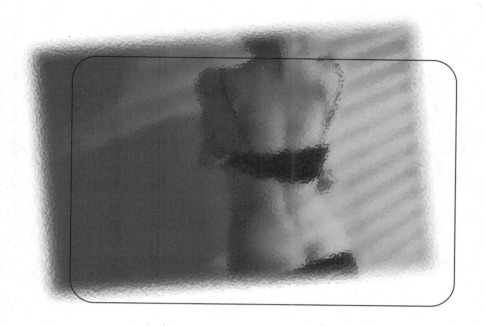

CHAPITRE 3

Faire l'amour
avec une femme

Ce n'est un secret pour personne que nous, les femmes, fantasmons plus fréquemment sur l'idée de faire l'amour avec une autre femme que les hommes n'imaginent le faire avec un autre homme, quoiqu'il s'agisse tout de même d'un fantasme plus répandu qu'on ne le croit chez ces messieurs, mais ô combien inavouable ! Soit dit en passant, selon certains spécialistes, nous serions tous plus ou moins bisexuels, c'est-à-dire attirés par un sexe et l'autre. Cela dit, si nous acceptons plus facilement l'idée de faire l'amour avec une autre femme, en fantasme, bien sûr, c'est en partie parce que c'est une idée socialement mieux acceptée, mais aussi parce que nous avons également beaucoup moins peur d'être lesbiennes en nous imaginant ce genre de scène. Ce type de fantasme apparaît souvent à l'adolescence et met en scène une amie proche, une fille avec laquelle nous avons développé une certaine complicité, sinon une certaine proximité. En vieillissant, le scénario se modifie légèrement et fait parfois intervenir d'autres femmes de notre entourage. Parfois aussi, la femme avec laquelle nous nous mettons en scène nous est inconnue, mais elle sait exactement comment nous exciter.

Si un certain nombre de femmes ont parfois une certaine gêne face à ce fantasme, elles ne l'écarteront pas pour autant de leurs rêveries érotiques; elles élaboreront un scénario différent où elles se laisseront séduire par cette autre femme avant de faire l'amour avec elle. Parfois, elles imagineront même une certaine contrainte. Ce qu'il y a de «rassurant» dans cet autre scénario, c'est que nous n'avons pas cherché cette aventure: c'est une femme qui nous a séduites – condition plus acceptable qu'une homosexualité active pour reconnaître une attirance féminine.

Voici l'exemple type du fantasme que nous avons toutes eu un jour ou l'autre, à l'adolescence, en pensant à une copine. Certes, le décor peut être différent que celui planté dans le récit de ce fantasme d'une femme, mais le résultat est le même: des étreintes entre jeunes filles à l'affût de la découverte des plaisirs de la chair. Si certaines ont réalisé leurs fantasmes, d'autres pas – mais elles y ont songé.

Nous avons décidé de nous réfugier dans la tente pour y bavarder le reste de la soirée car l'air se rafraîchissait à l'extérieur, alors qu'au contraire il était très chaud à l'intérieur car elle était restée fermée en plein soleil. «Chouette, on a même un sauna!» me lance mon amie. Nous sommes toutes les deux épuisées par nos jeux de l'après-midi. «Je vais te faire un massage et tu m'en feras un après...», dis-je à ma copine. Nous nous dénudons toutes les deux – ce n'est pas la première fois que nous nous voyons nues et nous ne ressentons aucune gêne. Je me mets aussitôt à genoux au-dessus d'elle, de ses fesses, pour lui masser la nuque, les épaules et le reste du corps. Le contact de mes cuisses contre ses fesses nues m'excite; elle le sent bien et ça ne la laisse pas non plus insensible. Ses gémissements me provoquent des frissons dans tout le corps et dès que j'approche mes mains de sa poitrine, elle soulève légèrement le buste pour que je puisse mieux les caresser.

Tout cela m'excite tant que j'ai peine à contrôler mes gestes; je me penche sur elle, je l'embrasse dans le cou tout en lui caressant la poitrine. Elle se retourne, et je me retrouve face à son joli minois que je ne peux m'empêcher d'embrasser. Nos langues s'emmêlent, mes tétons, tendus comme jamais, frottent contre les siens, ce qui décuple notre excitation. Ses mains s'égarent à son tour vers mon entrecuisse, ses doigts frôlent mon clitoris, se fraient un chemin entre mes lèvres. Mes mains caressent ses fesses, qu'elle écarte pour me faciliter la tâche. Nous sommes mouillées, nous dégoulinons de plaisir. Après avoir ainsi joui une première fois, elle me pousse par terre et vient s'allonger au-dessus de moi, le visage entre mes jambes, sa chatte à la hauteur de ma bouche. Il ne nous faut pas beaucoup de temps pour jouir toutes les deux une seconde fois. Après avoir ainsi passé une bonne partie de la nuit à nous donner mutuellement du plaisir, nous nous endormons dans les bras l'une de l'autre, complètement épuisées mais heureuses.

Les fantasmes mettant en scène des colocataires sont fort courants. Cela s'explique par le fait qu'en partageant un logement il s'installe non seulement une certaine «proximité», mais aussi et surtout, nécessairement, une intimité qui peut s'avérer plus que troublante du fait que même si nous partageons un espace de vie commun, nous n'en restons pas moins des étrangères l'une pour l'autre.

Ce premier récit, empreint de tendresse, est révélateur du genre de fantasme qui peut alors naître.

Croyant tout d'abord que ma coloc n'est pas là, je m'installe conforta-blement sur le lit pour retirer mes vêtements et ne garder que mon soutien-gorge et ma petite culotte. Ce faisant, j'entends un très léger bruit. Intriguée, je suis le bruit jusqu'à la salle de bain, où les soupirs se font un peu plus audibles – ma coloc serait donc là ? J'ouvre doucement la porte pour satisfaire mon côté voyeur. La salle de bain est plongée dans l'obscurité, sauf pour une petite bougie qui frémit au rythme de sa respiration, et qui me laisse entrevoir sa main s'agitant entre ses cuisses dans des zones d'ombre et de lumière.

Cette vision m'excite au plus haut point. Je pénètre silencieuse-ment dans la salle de bain alors qu'elle a les yeux clos, abandonnée à son plaisir solitaire ; je dégrafe mon soutien-gorge et me glisse dans la baignoire pour accompagner de mes doigts sa main sur son sexe. Elle ouvre les yeux, mais ne dit rien et me laisse faire. De ses mains habiles, elle retire mon slip mouillé et nous nous mettons à nous caresser amou-reusement et langoureusement. L'eau éclabousse partout et finit par éteindre la bougie ; l'obscurité nous plonge immédiatement dans un état d'excitation pure où se mélangent l'inconnu et le mystère. Nos bai-sers se font moins hésitants, nos caresses deviennent plus lascives, et j'entreprends avec attention de découvrir son corps.

L'impossibilité de voir décuple mes autres sens ; mes mains suivent les courbes et les creux rencontrés sous leur passage ; ma bouche lèche son corps et ses seins qui, en plus de son odeur déjà si alléchante, se mêlent au goût exotique de l'eau parfumée. Tout est toujours silence, brisé seulement par le clapotis de l'eau et nos respirations haletantes. J'ai l'impression d'être coupée du monde ; ma coloc doit avoir la même impression puisqu'elle me renverse et se glisse sur mon corps dans une ondée de chaleur.

C'est bon de sentir son corps sur le mien, sans le voir. Mes mains tentent de saisir ce corps mouillé et tandis qu'elle embrasse et lèche goulûment ma peau entière, mes mains, tels des explorateurs de con-trée inconnue, cherchent l'entrée secrète de sa caverne. Elle est si chau-dement mouillée que je me demande si c'est en raison du bain ou seulement de l'excitation. Je colle ma bouche à son sexe et découvre avec ravissement son parfum sucré si reconnaissable et dont je raffole tant. Ses doigts s'introduisent aussi en moi et nos explorations se font de plus en plus précises et impatientes, car nous sentons que la découverte tant voulue est toute proche, à portée de doigts. L'eau clapote en vaguelettes sur mes flancs soulevés par nos mouvements de va-et-vient. Avec passion et une énergie fauve, mon amante me met sur le dos pour pouvoir donner libre cours à sa fantaisie. Sa langue vient de trouver une autre porte qu'elle essaie aussitôt de pénétrer ; ses doigts dans mon sexe, sa langue dans mon anus, l'eau et la noirceur qui nous enveloppent de leur tiédeur érotique ont tôt fait de me faire apprécier ce roulement de plaisir qui monte en moi.

Ma tête s'enfonce sous l'eau, mais plutôt que de m'effrayer, cela me fait goûter cette lente perte de conscience. N'en pouvant plus de se retenir, mon corps succombe à la jouissance et des vagues frénétiques de plus en plus intenses déferlent en moi. La plus forte, la dernière, me terrasse, et tout en ayant l'impression de me noyer, je pousse un cri de plaisir mêlé de peur et ma tête remonte de sous l'eau. Mon corps tremblote encore pendant que je reprends mon souffle et que je rattrape ma conscience. Mon amante se glisse sur moi et nous savourons longuement cette union, nous berçant doucement dans les bras l'une de l'autre. Lorsque nous nous décidons enfin à sortir de la baignoire, c'est pantelantes que nous nous dirigeons vers la chambre...

Parfois, le scénario est plus torride. Et s'il ne met pas directement en scène de relation sexuelle entre les colocs, il induit néanmoins une situation de désir trouble.

J'habite seule dans une grande maison que mes parents m'ont laissée à leur décès. Comme j'ai perdu mon emploi il y a quelque temps, j'ai décidé de trouver quelqu'un pour la partager et assumer les frais. J'ai fait paraître une annonce et c'est une fille de vingt-trois ans, très jolie, qui habite maintenant avec moi. Sa vie était plutôt rangée jusqu'à ce qu'elle se fasse un petit ami et qu'il passe la nuit à la maison deux ou trois fois par semaine.

Dernièrement, elle a commencé à gémir aux petites heures du matin. J'étais de mauvaise humeur, sans doute parce que je n'ai pas d'amant. Je suis donc sortie de ma chambre pour faire un peu de bruit pour qu'elle arrête son boucan, mais au contraire elle a continué encore plus fort. Curieuse, je me suis avancée doucement vers sa chambre et j'ai constaté que la porte était entrouverte. Je me suis approchée pour jeter un coup d'œil et je l'ai vue alors couchée sur le dos et son petit ami à genoux devant elle, le visage entre ses cuisses écartées. Je les ai regardés. Puis, son amant s'est déshabillé et s'est allongé sur le lit ; elle s'est assise à ses côtés et a commencé à le masturber tout en se caressant elle-même. Je n'ai pu me retenir davantage. Je me suis caressé les seins avec ma main, mais rapidement je l'ai glissée vers mon sexe. Puis, j'ai retiré ma culotte qui était toute mouillée. Lorsque j'ai relevé la tête, j'ai vu ma coloc qui me regardait droit dans les yeux. Elle a fait néanmoins comme si de rien n'était et a continué à masturber son petit ami. Puis, avec un regard qui en disait long sur ses intentions, elle lui a bandé les yeux avant de s'empaler sur sa queue bandée. Elle a eu un soupir si sensuel que je n'ai pu m'empêcher de jouir. J'ai recommencé à me masturber, mais cette fois sans me dissimuler, sachant que son amant ne voyait rien. Elle a accéléré son va-et-vient sur la queue de son amant qui gémissait tout en lui lançant des mots vicieux. Puis, j'ai vu son corps se tendre ; son regard dans le mien, j'ai senti qu'elle jouissait. J'ai joui à mon tour en me mordant les lèvres pour ne pas crier.

Puis, je suis repartie dans mon lit, sous ma couette, seule mais heureuse.

Le fantasme de faire l'amour avec une autre femme met aussi souvent en scène une professeure. Pourquoi ? Parce qu'il s'agit souvent d'une personne d'autorité, quelqu'un qui nous semble posséder des qualités que nous envions. Il suffit qu'elle affiche un air lascif pour que notre esprit s'emballe et imagine mille et une situations. Jusqu'à même parfois nous imaginer en initiatrice, comme ici.

Quelques étudiants et quelques professeurs quittent tranquillement l'auditorium en ce début de soirée lorsque je croise ma prof qui m'invite à prendre un verre chez elle. «Inutile de prendre ta voiture, me dit-elle, je ne demeure qu'à quelques coins de rue...» Lorsque nous arrivons chez elle, alors qu'elle monte l'escalier devant moi pour ouvrir la porte de l'appartement, mes yeux se rivent sur sa jupe qui me laisse entrevoir un petit slip de dentelle noire. Je me sens troublée, légèrement excitée; la chaleur gagne même mon sexe. Aussitôt entrées, je m'excuse et je me dirige vers la salle de bain, où un rideau fait office de cloison, pour retirer ma petite culotte déjà humide. Je remarque du coin de l'œil qu'elle m'observe. Faisant exprès, écartant un peu plus le rideau, je me retourne et enlève mon dessous très lentement.

Lorsque je sors, elle est en train de nous servir deux cocktails; je fais donc tranquillement le tour de son loft en commentant les photographies accrochées au mur, représentant toutes des femmes. Je lui lance: «Elles sont jolies, ces femmes...» Elle rougit. Nous nous assoyons l'une en face de l'autre dans des fauteuils creux. En m'assoyant, ma jupe remonte sur mes cuisses que j'écarte légèrement pour lui offrir une vue de mon string blanc et je vois avec plaisir qu'elle a peine à en détacher les yeux. Je me rapproche d'elle et lui demande dans un soupir si elle a jamais touché une femme. Elle me demande innocemment ce que j'entends par là, mais en ajoutant aussitôt que non, ça ne lui est jamais arrivé. Elle me demande à mots couverts comment «c'était» avec une femme...

Je me sens excitée, provocatrice. Écartant un peu plus les jambes pour lui offrir une meilleure vue de mon entrecuisse, je lui dis: «Je ne sais pas, je n'ai jamais essayé, mais j'imagine qu'aucune femme ne peut rester insensible aux caresses d'une autre femme...» Elle m'observe d'un regard où se mêlent visiblement désir et appréhension – après tout, je suis une de ses élèves! Mais ces six mois passés à la désirer me rendent audacieuse. «Tu sais, j'aimerais bien essayer au moins une fois. J'en mouille juste à en parler avec toi... Pas toi?» Effarouchée, elle me répond que je suis son élève et que cela n'a pas de sens. Je lui rétorque aussitôt que je ne suis plus officiellement son élève puisque les cours sont terminés. Je pousse l'effronterie en ajoutant: «Et puis, entre nous, depuis le début de la soirée, tu es aussi très excitée par tout cela, non? Avoue-le. » Je la vois frissonner, mais elle garde le silence.

Je glisse ma main entre mes cuisses et j'entreprends de me caresser, sans pour autant cesser de plonger mon regard dans le sien. Je lui dis : « Ça te plaît de me voir me caresser pour toi... » « Oui... oui... », laisse-t-elle fuser dans un soupir. « Allez, caresse-toi, toi aussi... » Elle s'enfonce un peu plus profondément dans le fauteuil et entrouvre furtivement les jambes. Mon regard se pose sur ses cuisses, entre ses cuisses. « Ouvre-les-moi un peu plus... », lui dis-je langoureusement. Ce qu'elle fait, et je distingue clairement la dentelle noire de son slip. Elle pousse un petit gémissement qui me tire de ma rêverie contemplative. Je m'approche alors d'elle et m'agenouille entre ses jambes. Je retire mon chandail, lui dévoilant ainsi mes seins gonflés de désir. Je prends sa main, puis la guide jusqu'à mes seins. Je lui murmure de se fermer les yeux et de m'explorer comme si j'étais de la glaise. Elle commence, hésitante, puis se met à me palper, à me tâter, puis à me caresser. Mes seins sont gonflés, mes mamelons tendus, mes tétons tout durs. C'en est trop ! Je ne peux me retenir et je jouis juste de la sentir explorer mon corps. D'un coup, je lui enlève son chemisier et j'entreprends de lui lécher les seins. Mon élan nous fait basculer l'une sur l'autre sur le sol.

C'est le coup d'envoi ! Nous nous caressons avec frénésie, avec rage. Je l'encourage à se laisser aller dans un langage vulgaire ; à prendre et à donner le plaisir. Puis, je glisse ma tête jusqu'à son ventre, je lui arrache violemment sa jupe et son slip avant de plonger ma bouche, mes lèvres, ma langue sur ses lèvres ruisselantes, tandis que je me mets à la pénétrer de mes doigts. De plus en plus vite. D'un mouvement de plus en plus incontrôlé, son corps se soulève et son sexe s'avance à la rencontre de ma bouche et de mes doigts. Puis, elle se cambre, pousse un râle de plaisir et jouit sur ma bouche et mes doigts, alors qu'en même temps je connais l'orgasme le plus intense de ma vie.

Parfois, ce type de fantasmes met en scène une copine avec laquelle nous souhaiterions partager, en toute connaissance de cause, quelque secret et en faire du même coup notre objet de plaisir.

Lasse de me caresser seule, j'ai un jour partagé mon secret avec une copine, habituellement toujours partante pour une baise avec les garçons. Quand je lui ai montré l'un de mes vibrateurs et que je lui ai raconté en détail l'utilisation que j'en faisais, en ajoutant que j'aimerais bien la voir partager mes petits jeux, elle a commencé par s'esclaffer. Mais face à mon attitude provocatrice et à mon air tout ce qu'il y a de plus sérieux, elle a rapidement compris que ma proposition était réfléchie et son amusement a rapidement cédé le pas à la curiosité. La voyant dubitative, sans dire un mot, et avant qu'elle m'oppose une fin de non-recevoir, je me vois glisser à genoux devant elle, soulever sa jupe et baisser sa culotte. En moins de temps qu'il ne faut pour le dire, je lèche son sexe d'une langue aussi fiévreuse qu'avide.

Mon amie ne rit plus. L'excitation la gagne rapidement, et je l'entends bientôt qui m'encourage en me disant à voix basse, dans un souffle : « Passe bien ta langue... là... Oui, comme ça... » Ma langue s'attarde sur son clitoris, puis s'enfonce le plus profondément possible dans sa chatte. Son sexe a un goût enivrant. Je l'attire alors vers moi, sur le sol, et je la fais mettre en levrette. Je lui retire son soutien-gorge et ses seins lourds jaillissent, les tétons durcis. Je me mets à les caresser. Mon amie semble ravie d'être mon objet sexuel. Je pince ses mamelons. Elle gémit : « Oh oui... » Pendant ce temps, ma langue s'insinue entre ses fesses, sa raie est moite. Et quand je l'introduis dans son anus, elle se met à geindre sans retenue. Je pousse alors mes doigts à l'exploration de son petit trou. Je les enduis de mouille et j'entreprends de la sodomiser avec mes doigts, durement, presque avec brutalité.

Cela ne semble pas lui déplaire, car elle me supplie de continuer dans de longues plaintes. Son plaisir demande à exploser. Mais j'arrête quelques instants, le temps d'enfiler un godemiché-ceinture, mince, court, parfait pour une sodomie, que j'avais acheté en prévision d'un tel moment. Sans l'en avertir, je la pénètre. Elle émet un long râle. Encouragée, je me mets à la pilonner sauvagement. Elle m'encourage avec des mots orduriers, elle se livre avec plaisir à mon délire. Mes mains placées sur ses hanches la font aller et venir sur le gode ; elle s'empale à fond sur le sexe de latex. Elle connaît ainsi deux orgasmes successifs et extrêmement violents.

Après l'avoir ainsi fait jouir, c'est elle qui se harnache pour me prendre à son tour. Elle commence par me faire l'amour, mais elle décide rapidement de me prendre par-derrière – moi aussi, c'est ce que je veux. À l'instant où je m'imagine jouir avec elle, je jouis sous la caresse de mes doigts tant ce scénario m'excite.

Parfois encore, le fantasme met en évidence un scénario en quelque sorte latent que nous aimerions voir se produire et qui nous permettrait ainsi de concrétiser un désir inavoué. Mais parce que nous ne sommes pas homosexuelles, la situation menant à des étreintes avec une amie doit être suffisamment ambiguë pour que nous puissions nous abandonner sans remords. Le fantasme narré ici en est le parfait exemple.

Mon amie de longue date vient tout juste d'apprendre que son mari la trompe et comme elle est anéantie, je lui ai proposé de venir passer quelques jours chez moi, histoire de faire le point. Comme il fait chaud, qu'elle est un peu fatiguée, elle décide d'aller faire une petite sieste. Et voilà que moi, seule dans le salon, je suis incapable de me concentrer sur le livre que je lis ; je suis incapable de ne pas penser à elle, à son joli petit corps, à sa petite robe légère, et de ne pas imaginer sentir mes doigts parcourir son corps. Je ne suis pas lesbienne, mais c'est un peu comme si sa tristesse me donnait envie de m'occuper d'elle, de la caresser, de lui donner du plaisir. Et d'en prendre aussi, je le reconnais.

Tiraillée par ce désir, qui devient bien vite un besoin, pour ne pas dire une obsession, je me dirige vers la chambre où elle sommeille. Je frappe à la porte. Elle me dit d'entrer. Elle est allongée sur le lit, pieds nus, portant toujours sa petite robe toute blanche. Je ne dis rien, me dirige vers elle et m'assois sur le lit, sentant mon bras frôler son corps. « Que se passe-t-il ? » me demande-t-elle. « Chut… Tais-toi…, que je lui réponds. J'ai envie de m'occuper de toi… » À ma grand surprise, elle ne dit rien, se contentant simplement de fermer les yeux.

Ma main glisse alors le long de son corps, par-dessus sa robe. Elle ne proteste toujours pas. Je retrousse alors délicatement sa robe jusqu'à ses hanches, je lui écarte les cuisses et je me mets à caresser légèrement son sexe à travers sa petite culotte. Elle est déjà en train de mouiller abondamment. Je la désire tellement que je ne peux résister longtemps à remplacer ma main par mes lèvres, qui la lèchent à travers le tissu. Puis, je me mets à mordiller ses lèvres, elle se dodeline de plus en plus. Visiblement, cette caresse lui fait le plus grand effet. Je suis très excitée par cette situation, d'autant que mon plaisir personnel consiste simplement à lui donner plus de plaisir qu'elle n'en a jamais connu. Je lui retire sa culotte et je pose ma bouche sur sa chatte inondée. Si ce n'était pas suffisant pour me convaincre qu'elle aime ce contact, elle pose ses deux mains sur l'arrière de ma tête et me la presse encore plus contre son sexe. «Oh oui, c'est bon… », me murmure-t-elle. Je m'attaque à son clitoris; il est gros, tout dur, on dirait presque un sexe d'homme en miniature. Je l'entends haleter, gémir de plus belle. Je suce et mordille avidement son petit bouton. Elle dégouline de cyprine.

Je la fais alors se mettre à quatre pattes, je colle ma chatte à son cul, et je me mets à donner des coups de reins comme si je la prenais; elle suit non seulement le mouvement, mais elle m'encourage à continuer, m'avouant dans un souffle que c'est par cette posture qu'elle préfère se faire prendre. Tout en mimant cette pénétration en levrette, je lui caresse la chatte. Elle est en feu. Tout en lui imposant de demeurer dans cette position, je me glisse sous elle, de façon que ma bouche se retrouve à la hauteur de sa chatte. Je la suce, je la lape, je la lèche, puis j'entreprends en même temps de la caresser d'une main, mais sans la pénétrer. «Oh! je n'en peux plus… Fais-moi jouir ! » s'exclame-t-elle, d'une voix devenue gutturale.

Je délaisse alors son clitoris pour me concentrer sur son sexe. Je pose ma main sur sa chatte, et de la paume, je la lui caresse en y mettant de la pression, puis ma paume se fait légère, virevolte. Puis, je recommence. Elle gémit plaintivement. Quelques lapées, quelques caresses. Encore. Elle devient folle. Prise d'un désir de jouir indéfinissable, elle délaisse et ma bouche et ma main qui ne lui suffisent plus et vient plaquer sa chatte brûlante contre mon genou. S'ensuit un mouvement frénétique de va-et-vient, dans lequel je l'accompagne en lui parlant crûment: « Vas-y, vas-y bien... Jouis... Imagine que c'est une grosse bite qui te lime à fond. Oui... oui... tu aimes ! Et tu vas encore plus aimer. Tu vas sucer, aspirer des queues plus grosses les unes que les autres, lécher des chattes toutes mouillées, tromper ton mari comme il te l'a fait. Tu vas mouiller encore et encore, tu vas éjaculer. Allez ! Maintenant... » Soudain, je la sens se raidir et une longue plainte, un râlement de plaisir, jaillit de sa bouche. Elle jouit. Épuisée, elle se retourne et s'endort aussitôt pour sa petite sieste...

Tout comme dans le fantasme de faire l'amour avec un autre homme, le fantasme de faire l'amour avec une autre femme introduit souvent une inconnue dans ces ébats libertins. Bien entendu, comme dans le cas d'un homme, nous ne nous laisserions jamais aller à un tel abandon dans la vie réelle. Mais comme dans l'abandon à un inconnu, le scénario où nous séduisons ou nous nous laissons séduire par une inconnue est enivrant parce que, là aussi, il nous permet de nous laisser aller comme nous rêverions parfois de le faire si la morale et les conventions ne nous en empêchaient pas. Nous fantasmons à l'idée de faire l'amour à une inconnue parce que nous pourrions être lascives, vicieuses ou carrément salopes sans que personne ne porte quelque jugement que ce soit. En voici deux exemples.

En cure dans un centre de soins de santé en Estrie, comme tous les ans à la même époque, je fais la connaissance d'une belle jeune femme, la trentaine, dynamique et sportive, avec un corps musclé et bien proportionné, des seins pas trop gros, mais pleins et lourds, et une taille et des hanches à faire retourner les hommes sur elle. Chaque jour, nous nous retrouvons pour les exercices de la journée, et comme elle est aussi avenante que moi, nous commençons à sympathiser, ponctuant nos rencontres de longues discussions. Un soir, après le souper pris à la salle à manger, elle me propose de m'accompagner à ma chambre pour me masser. J'accepte, sans arrière-pensée.

Une fois arrivées, je vais à la salle de bain, je me dévêts et enroule une grande serviette autour de moi avant de retourner la rejoindre. Elle me fait m'allonger sur une couverture qu'elle a posée sur le sol et s'agenouille à côté de moi. Elle commence par me masser le dos en remontant vers les épaules ; elle le fait si bien que je sens une onde de chaleur me parcourir la colonne vertébrale. Oui, elle a des mains magiques ! Elle continue à me caresser, puis elle s'arrête sur mes épaules pour les masser à leur tour. Ensuite, elle se place à califourchon sur mes reins. À travers le fin tissu de son corsage et de son collant, je sens ses jambes qui enserrent ma taille, le haut de ses cuisses qui glissent sur mon corps. Elle retire délicatement la serviette qui me recouvre et pose ses mains sur mes fesses charnues qu'elle caresse doucement. Puis, c'est là que la situation dégénère. Elle se fait glisser jusqu'à mes pieds, le corps toujours en avant, jusqu'à ce que son visage se retrouve à la hauteur de mes fesses qu'elle commence à embrasser. J'ai un petit geste de recul. Ses mains enserrent ma taille et m'obligent à rester collée contre le sol. Ses mains s'emparent de mes fesses, les écartent de façon obscène. Je sens mon anus qui se contracte à ce contact. Je sens alors un de ses doigts mouillés décrire des cercles de plus en plus serrés autour de celui-ci. Même si mon esprit voudrait dire non, mon corps, lui, dit oui. Je me soulève sur les genoux pour l'aider à me pénétrer ; elle m'introduit alors lentement un doigt long et noueux, puis un second. Je sens chaque phalange qui se fraie un chemin dans ce petit trou que personne auparavant n'avait eu la permission de déflorer.

Elle se met alors à me branler le cul avec douceur et agilité. En même temps, elle pose sa main en corolle sur mon sexe épais et bien fourni. J'entends les poils qui crissent sous ses doigts. Puis, avec la main qui me pénètre déjà l'anus, elle enfonce deux doigts dans ma chatte et se met à me masturber des deux côtés à la fois. Ses doigts vont et viennent à un rythme délicieux et je les sens qui se touchent presque à travers la fine cloison de chair. Je mouille abondamment et la main de ma compagne, trempée et tendre, étale ce suc délicieux entre mes cuisses. Quelques instants plus tard, je me retourne ; elle se relève et vient coller son sexe contre mes lèvres. Je ne me fais pas prier pour la lécher et la sucer avec avidité. Elle jouit rapidement. Quand nous sommes repues toutes les deux, nous allons ensemble sous la douche où nous nous lavons mutuellement avant de passer la nuit dans les bras l'une de l'autre.

***

Je m'imagine en vacances. Je déniche une petite parcelle de plage à l'abri des regards indiscrets où je m'installe pour me faire bronzer nue. J'éprouve déjà un certain plaisir à être dans le plus simple appareil à cet endroit, mais une certaine excitation me gagne lorsque je m'aperçois qu'une jolie brune, que je n'avais pas vue parce qu'elle était allongée derrière un gros rocher, me dévore littéralement des yeux. Mon premier réflexe en temps normal aurait été de me rhabiller à la hâte et de m'en retourner, mais je suis en vacances et, après tout, c'est aussi une femme, alors je décide de faire comme si de rien n'était. Je m'enduis de crème solaire, tout en jetant de furtifs coups d'œil dans sa direction. Est-ce que je me fais du cinéma ou est-elle vraiment en train de se caresser par-dessus son maillot en me regardant? Cette vision inattendue augmente encore plus mon trouble. Bien que le rocher dissimule partiellement son corps, je le devine sans trop de peine, mais, en toute honnêteté, j'aimerais bien, moi aussi, profiter d'une vue plus suggestive, au moins autant que celle que je lui offre. Surmontant mon agitation, je me lève et me dirige vers elle. Je lui dis alors: «Vous savez, nous ne sommes que deux sur ce coin de plage, rien ne vous empêche de faire comme moi... Vous pouvez venir me tenir compagnie. Ça ne me gêne pas, vous savez... »

Quoique visiblement surprise de mon audace, elle se lève et vient étendre sa serviette de plage près de la mienne en me disant: «Vous avez raison... Et puis, ça nous permettra de parler.» Avant que j'aie le temps d'ajouter quoi que ce soit, elle retire son petit maillot de bain. Lorsque je constate qu'elle a le pubis rasé, je ne peux en détacher mon regard. Elle me sourit. Alors qu'elle s'allonge, continuant sur ma lancée, je lui demande si elle veut bien me mettre de la crème solaire dans le dos, car je n'arrive pas à le faire seule. Elle s'approche, un sourire complice au coin des lèvres, puis s'assoit à côté de moi. Je lui tends le tube de crème. Toujours riante, elle le prend, mais le repose aussitôt et approche ses lèvres des miennes. Je recule légèrement, puis je me soumets – je sais que je la désire. Tandis que nos langues s'entremêlent doucement, nos mains parcourent le corps de l'autre, suscitant des frissons de désir et de plaisir. Je la laisse quitter ma bouche à regret, mais elle la pose aussitôt sur mes seins qu'elle se met à lécher doucement. Ils durcissent rapidement et, satisfaite, comme si c'était le signal qu'elle attendait, elle me fait m'allonger sur le dos. Les choses se bousculent : elle est déjà tête-bêche à califourchon sur mon ventre, la tête penchée sur mon sexe.

Je ne résiste pas longtemps à la vue de sa chatte et de son cul à quelques centimètres de mon visage ; je la saisis aux hanches et l'attire sur ma bouche. Tandis que je glisse ma langue le long de sa fente, je sens la sienne qui plonge dans ma chatte. Plus sa bouche fouille mon sexe, plus ma langue lui titille le clitoris, ce qui produit un concert de gémissements et de déhanchements à n'en plus finir. Je sens sa langue chaude et humide me pénétrer, ses va-et-vient me font jouir et je ne m'en cache pas… J'ai du mal à continuer à la satisfaire tant mes sens sont exacerbés, mais j'essaie de m'appliquer. Pendant que ma langue glisse sur son anus qui se détend, je pénètre son sexe d'un doigt puis, constatant qu'un seul ne lui suffit plus, j'en insère un deuxième, puis un troisième… Elle laisse échapper un cri. Moi, la baisant avec mes doigts ; elle, me baisant avec sa langue. Nous sommes exaltées ; nous jutons chacune dans la bouche de l'autre.

Nous aurions probablement continué des heures durant encore, mais une averse met fin à nos ébats. Rhabillées en vitesse, nous prenons la direction des hôtels pour découvrir que nous étions descendues au même…

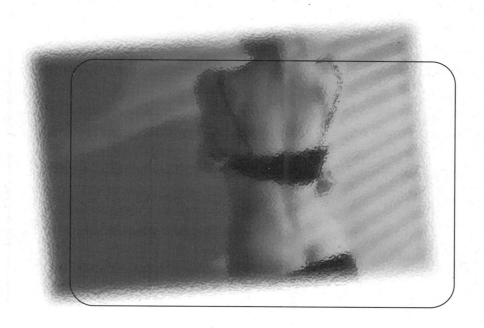

CHAPITRE 4

Le goût du cunnilingus

Se faire offrir un cunnilingus - se faire lécher - est plus souvent qu'autrement la façon la plus rapide et la plus efficace - et, parfois même, la seule! - de nous faire jouir. Comme beaucoup d'hommes sont souvent un peu réfractaires à cette pratique ou l'expédient en deux temps trois mouvements, il n'est donc pas étonnant que cette caresse soit l'objet de nos fantasmes. L'homme, dans nos rêves, dans nos représentations, ne se contente pas d'accepter de nous lécher seulement quelques petites minutes, comme pour se débarrasser d'une tâche par laquelle il doit passer avant d'atteindre *son* objectif. Non, il est comme fou, on imagine qu'il reste lové entre nos cuisses pendant de longues, de très longues minutes. Mais ce fantasme peut donner lieu à plusieurs scénarios qui épicent d'autant l'idée maîtresse ; par exemple, parfois c'est notre partenaire que nous mettons en scène, souvent aussi c'est un inconnu dont nous faisons notre esclave sexuel ou nous nous faisons esclaves sexuelles, d'autres fois il s'agit d'une femme. Plus rarement, de plusieurs partenaires, indistinctement hommes ou femmes, qui s'occupent de nous. Dans tous les cas, toutefois, ils maîtrisent parfaitement l'art du cunnilingus.

Du scénario le plus simple au plus élaboré, tout devient possible. Allons-y avec quelques exemples.

Dans ce premier, basique, c'est le fantasme du partenaire qu'on imagine devenu un orfèvre dans l'art de la caresse buccale. Pas besoin d'autres éléments – mise en scène, décor, etc. – que le cunnilingus.

Je sens ses cheveux, son nez et sa bouche descendre le long de mon ventre, me chatouiller le nombril quelques secondes ; je sais que je vais être très, très heureuse. Et, effectivement, son nez me fouille, sa bouche s'empare de mon clitoris gonflé par tous ces préliminaires, et quand il ne s'est pas rasé de près, sa barbe pique doucement l'intérieur de mes cuisses ; c'est délicieux, autant que ses cheveux qui m'effleurent le ventre. Il durcit sa langue et l'agite sur mon clitoris, puis l'engloutit entre ses lèvres, tout en massant mes grandes lèvres de ses doigts habiles. L'un d'eux s'aventure dans mon sexe que je sens grand ouvert, et suit le mouvement de sa langue. Des vagues, de vraies vagues, c'est comme la mer qui s'insinue en moi, et je perds la tête. Quand il sent que je vais jouir, il abandonne mon clitoris ; je lui attrape les cheveux car j'en veux encore, même si je sais qu'en agissant comme il le fait, il va me donner dix fois plus de plaisir. Il revient sur mon bouton quelques longues secondes après et s'arrête régulièrement. Deux doigts vont et viennent lentement dans ma chatte. En poussant très profondément, du bout de son majeur, il touche un endroit très sensible, et j'ai l'impression que je vais lui faire pipi dessus! De fait, il ne me faut guère de temps pour que j'explose. Littéralement. Ça déferle, ça ne s'arrête pas...

Je suis depuis longtemps dans un état second, je ne contrôle plus rien. Sa bouche délaisse mon sexe pour aller caresser mon anus tout resserré. Il simule une pénétration par à-coups, avec sa langue; je me régale. Ses doigts continuent de me pénétrer sur un rythme lent. Et quand il sent que j'ai déjà joui longtemps de tous ses traitements, il revient sur mon clitoris. À coups de succions de plus en plus appuyées, avec sa langue souple, il fait grossir mon bouton à le faire éclater, s'acharne, et soudain tout explose: mes mains attrapent sa tête, mon ventre se soulève et j'ai un orgasme très violent, qui dure, qui dure... Il va boire mon plaisir à la source et s'en délecte. Moi, je n'en peux plus, tout mon corps retombe, je suis à moitié dans le coma, et il vient s'allonger près de moi.

Parfois, le scénario du fantasme est plus élaboré. On fait intervenir une ambiance, une atmosphère; on développe le personnage de notre amant, on insiste sur certaines «étapes» auxquelles nous sommes plus sensibles. Il y a des mots, des gestes. Tout pour faire monter l'excitation jusqu'au point de non-retour, le cunnilingus.

Il porte un short et une chemisette blanche à demi ouverte sur son torse musclé. Mon amoureux et moi nous offrons un après-midi de farniente. Il me prépare une margarita, puis une autre; le soleil tape fort, l'alcool commence à me griser. Nous rions. Nous nous touchons furtivement. Puis, il se rapproche et m'effleure légèrement un sein. Je m'y attends, mais je n'en reste pas moins tétanisée. Son sourire est aguicheur et... tellement attendrissant! Une douce chaleur envahit mon entrecuisse. La pointe de mes seins se tend sous l'étoffe légère. Il s'en aperçoit, m'attire vers lui et m'embrasse, je ne peux résister. Nos langues s'entremêlent. Ses mains, plus pressantes, se promènent sous ma robe. Ses doigts s'attardent. Les yeux clos, je m'abandonne en soupirant de désir. Il entreprend de détacher les boutons de ma robe et, rapidement, ma poitrine est mise à nu. Je me laisse faire. J'ai très envie de lui. Mes seins sont gonflés d'excitation, mes tétons sont durs à m'en faire mal.

Sa main explore mon ventre, détache les derniers boutons. Tremblante d'excitation, je suis quasiment nue, seulement vêtue d'un string. Il s'attarde sur le mince rempart de coton : « Tu es vraiment très belle », me murmure-t-il à l'oreille. Je prends sa tête entre mes main et colle ma bouche contre la sienne.

Je n'en peux plus ! Je suis liquéfiée ! J'écarte les jambes. Sa main s'immisce sous mon string et son index s'enfonce doucement dans ma chatte tandis que son pouce s'attarde sur mon clitoris. Mon string est trempé. Il me le retire délicatement. Mon sexe est ouvert comme un fruit mûr, mon clitoris tout dressé, il me caresse bien. Tandis que je coule sur ses doigts et sur sa main, il m'embrasse dans le cou. Puis, il s'agenouille entre mes jambes et entreprend un délicieux cunnilingus. Il est habile. Sa langue tourne autour de mon clitoris, glisse vers l'entrée de ma chatte, goûte lentement à tous les replis de mes lèvres. « J'aime ton goût..., me dit-il d'une voix étouffée. Tu es vraiment trempée... J'aime ta chatte... »

Je ruisselle de plaisir en pressant mon sexe contre sa bouche gourmande. Il me boit en insinuant sa langue entre mes lèvres. Ses mains prennent mes seins, palpent mes tétons sans ménagement, mais sans brutalité non plus. Jamais je n'ai gémi aussi fort, jamais je n'ai eu mon bassin qui ondulait si violemment sous le plaisir. Il ne faut guère de temps avant que je jouisse dans sa bouche, que je l'inonde. Je râle de plaisir pendant de longues secondes. Je mets un long moment à reprendre mes esprits. Il ne délaisse pas pour autant mon sexe, sa langue continue à vagabonder ; elle fouille tendrement ma vulve, embrasse mon ventre, lèche mes cuisses. « Oh ! C'est délicieux... », ne puis-je m'empêcher de bredouiller. Et j'imagine qu'il continue ainsi pendant encore des minutes, des heures et qu'il me transforme en fontaine...

Si l'on rêve généralement de cunnilingus qui n'en finissent pas avec son partenaire habituel, on s'imagine parfois se le faire prodiguer par un inconnu qui nous fait découvrir des sensations jamais éprouvées, par une relation brève, mais intense. Ce court récit en est l'exemple type.

Cela se produit un soir où, avec une amie, je me rends dans un bar. Après quelques verres et quelques allers-retours sur la piste de danse où nous nous défoulons sur des rythmes endiablés, je me sens fébrile, excitée pour tout dire. Lorsque l'animateur met un slow, je me dirige vers un type qui a attiré mon regard quelques minutes plus tôt et je l'invite à danser. Je porte une robe noire moulante, sans sous-vêtements ; là aussi, c'était une première ! Dès les premières notes, je me colle à mon cavalier qui ne répond pas tout de suite à mes avances. J'ai beau me frotter contre lui, presser mon sexe contre le sien, et malgré l'effet que je sens lui faire, il reste impassible.

Alors, je lui murmure : « Tu sais, j'ai envie de ta bouche sur mon sexe... » Il colle un peu plus son bassin contre le mien. J'ondule des hanches en mordillant mes lèvres, puis je l'entraîne à l'extérieur. Une fois que nous sommes dissimulés dans l'obscurité, je m'adosse à un mur. J'ouvre les cuisses, mon inconnu s'agenouille devant moi et pose sa bouche sur mon sexe qu'il embrasse avidement. Il lèche et suce mon clitoris, le fait rouler entre ses lèvres, donne des coups de langue, puis ses lèvres aspirent les miennes, les mordille, les suce. Puis, il les entrouvre et insinue sa langue dans ma chatte avant d'imprimer un mouvement de va-et-vient qui me rend folle de plaisir. Il me fait gémir. Et même lorsqu'il réussit à me faire jouir, je lui en redemande. Il me laisse à peine reprendre mon souffle que son visage plonge à nouveau sur mon sexe. Tout cela n'aura duré qu'une vingtaine de minutes, mais jamais je n'aurai connu une telle intensité de plaisir...

Quelquefois, le scénario met en scène non pas un homme, mais une femme, et souvent même une inconnue ; c'est en quelque sorte l'amalgame de plusieurs scénarios. Même si le préambule en est écarté, même s'il est axé sur la finalité du cunnilingus, le fantasme n'en est pas moins plus élaboré, car toute la psychologie, toute la précision des gestes et toute l'atmosphère qui l'entoure participent à la montée du plaisir. Voici ce que m'a raconté une femme et qui correspond à ce type de fantasme.

La masseuse délaisse ma nuque pour descendre à nouveau ses mains. J'ai gardé les yeux fermés, en partie à cause de la honte, mais aussi pour mieux savourer ces sensations nouvelles. Quand mon mari me caresse, il est toujours pressé. Droit au but, pas de détours. Ce n'est pas que je n'ai pas de plaisir, mais avec cette femme, quelle différence ! J'en oublie presque ma peur et mes réticences. Elle glisse les doigts sous mes aisselles, entre les bras et les côtes ; elle étale l'huile de massage jusqu'en bas, jusqu'à mes hanches, ce qui me fait aussitôt creuser les reins. Elle me lance une phrase, à voix basse. Que dit-elle ? Je n'entends pas. De toute façon, je suis trop troublée pour répondre. Elle remonte ses mains sur mes flancs. Je prends une longue respiration. Au passage, elle effleure la naissance de mes seins du bout des doigts. Je ne proteste pas. Nous nous taisons. Nos respirations profondes résonnent curieusement, se mêlant au chuintement rythmé de ses mains contre ma peau. Elle redescend sur mes reins, les masse longuement. Encore une phrase. Le ton est proche de la tendresse. Malgré moi, je cambre encore un peu les reins. Je l'entends souffler plus fort. Je devine presque les palpitations de son cœur, le rythme sourd de son sang. Elle glisse parfois le bout des doigts sous l'élastique de ma culotte, par le haut. Je n'ose rien dire. Elle finit par passer ses deux pouces contre mes hanches, sous l'élastique du slip, pour le tirer vers le bas, jusqu'aux chevilles. J'ai sursauté, mais je n'ai plus la force ni l'envie de protester. J'ai la gorge serrée. Et j'ai envie qu'elle s'occupe vraiment de moi maintenant.

Mon corps frissonne doucement. Nouvelle inspiration, à fond, en me mordant un peu les lèvres. Peu à peu, une chaleur douce m'envahit. Je comprends qu'elle s'agenouille derrière moi. Elle reprend un peu d'huile, avant de s'attaquer à mes jambes. Les mollets d'abord, qu'elle se met à masser fermement. Heureusement, je ne la vois pas faire : j'aurais trop honte. Elle se met ensuite à me masser les cuisses, juste sous les fesses. J'ai les jambes un peu écartées, elle doit voir mes poils pubiens. Le silence se fait lourd, pesant. Mon souffle s'accélère, comme celui d'une sportive. Je ne peux plus nier mon plaisir. L'intérieur de mon sillon est déjà humide. Je n'ai pas ressenti une telle montée de volupté depuis longtemps. Nouvelle phrase, nouvelle incompréhension. Mais le ton est plus tendre que jamais. Je réponds par un soupir. Elle glisse ses longues mains à l'intérieur de mes cuisses, me massant longuement la peau sensible de l'entrejambe.

Instinctivement, j'ai reculé mes fesses. Le bout de ses doigts touche directement le duvet fauve, au bord de mon triangle. Mon souffle s'accélère. Une longue exhalaison, tremblante. Elle imprime profondément ses mains dans la chair de mes fesses, s'amuse à les écarter. Je la laisse faire, jouissant de plus en plus de ma passivité. Offerte ainsi, je retrouve des sensations que je croyais perdues depuis longtemps. Le plancher craque. Elle se rapproche encore de moi. Elle écarte doucement mes fesses, dépose au milieu un baiser long, appuyé, chaud. Je m'étrangle d'émotion. Ses mains, légères, parcourent mes reins, mes hanches. Elle embrasse à nouveau ma raie, plus longtemps encore, plus fort. Mon cœur cogne fort.

« Qu'est-ce que vous fabriquez ? » dis-je, non sans continuer de la laisser faire. Sa bouche me brûle. Malgré mes mots, elle me sent consentante. Elle glisse les mains sous mon corps, de façon qu'elles caressent mon bas-ventre, tout près des poils. Du bout des doigts, elle frôle mon pubis. Je la laisse toujours faire, sans un geste. Ma respiration est haletante. Puis un contact humide, embrasé. Elle a posé sa langue entre mes fesses, puis elle descend lentement jusqu'à mon anus. Elle me fait basculer dans un univers de sensations nouvelles. Elle écarte mes fesses pour lécher minutieusement mon orifice. Elle le recouvre d'un flot de salive, avant d'y enfoncer le bout de sa langue. J'étouffe d'émotion. Elle abandonne mon petit trou poisseux pour glisser sa langue plus bas, à l'orée de mon sexe, parmi le fouillis léger de mes poils. J'aime ce qu'elle me fait.

Elle me prend aux hanches, me fait me retourner sur le dos, puis me lever. Elle s'accroupit face à moi, le regard passionné. Un instant bref, mais fou, nos yeux se croisent. Je suis tout essoufflée, comme elle. C'est bien moi, et tout cela est réel. Je suis là, debout, la culotte aux pieds, face à cette inconnue. Sans quitter mon regard, elle plonge ses lèvres dans ma toison intime pour y déposer un tendre baiser. Je soupire, non, je pousse une petite plainte. Elle s'enivre de l'odeur salée de mes poils, les embrassant à petits coups de baisers légers. Elle s'arrête pour me lancer un sourire, puis sa bouche pose un nouveau baiser sur ma chatte, plus appuyé celui-ci. Je creuse le ventre pour l'accueillir. Elle recommence déjà, plus bas, à l'endroit le plus sensible. Je ne suis pas encore ouverte, mais je sens déjà la liqueur déborder de mon sillon intime. Elle pose ensuite la bouche un peu plus bas, au bord de mes grandes lèvres; je sens la chaleur de ses lèvres, leur texture ferme.

À coups de petits baisers, elle parcourt les bords de mon sexe, jusqu'en bas. J'écarte les cuisses pour mieux m'offrir. Maintenant, je ne suis plus craintive, au contraire, je tremble d'impatience. Baiser après baiser, elle s'approche progressivement de mes grandes lèvres. J'ai rarement pris autant de plaisir. Je la regarde m'aimer, accroupie à mes pieds. Ses épais cheveux frisés me chatouillent l'intérieur des cuisses. Les yeux fermés, impatiente, elle écrase ses lèvres contre les miennes. «Embrasse-moi bien, ma chérie...», j'ose lui dire, en lui tendant mon ventre frémissant.

Mon nectar coule, glisse hors de mon sexe, mouille son menton et les bords de sa bouche. Presque naturellement, elle me passe un premier coup de langue. Directement dans ma fente. Je laisse fuser un «Ohhh», tout en donnant un brusque coup de reins en arrière. Elle se remet aussitôt à me lécher doucement l'intérieur de la chatte. Elle devient vicieuse, retournant mes chairs tout doucement, du bout de la langue, me dégustant lentement comme un fruit mûr. Je la vois fermer les yeux, soupirer chaque fois qu'elle me goûte, et je devine qu'elle est aussi excitée que moi. «Lèche-moi bien... C'est bon, tu sais...», dis-je, devenant plus audacieuse verbalement. Chaque coup de langue m'arrache un soupir et j'en suis à l'encourager. Toutes les fois, le son étouffé de ma voix me surprend. Avec mon époux, je ne suis pas très bavarde pendant l'amour, mais avec elle, c'est nettement plus affolant.

«C'est bon! C'est bon, continue...» Je soupire, oubliant tout du monde extérieur. J'oscille doucement le bassin d'avant en arrière. «Oh oui, comme ça!» J'ai peine à tenir debout, tant le plaisir est dévastateur. «Lèche plus haut, plus haut…» Je la supplie, en prenant son visage entre mes mains pour mieux la guider. Elle devine ce que je veux. Elle se met à me lécher le clitoris à petits coups de langue rapides, alors que je lui presse les tempes entre mes mains, haletant toujours plus fort, lâchant parfois, sans pouvoir me retenir, un geignement sourd. «Lèche mon clitoris… Oui, oui…» Ce qu'elle fait doucement, habilement. Je lui caresse la tête et les cheveux. Je regarde son visage transfiguré, trempé de ma mouille. Sa langue sur mon clitoris, elle le fait rouler ; il vibre à chacun de ses passages. Je sens la jouissance arriver, je tremble de tout mon être, le poing crispé dans ses boucles blondes.

Je m'aperçois soudain qu'elle a glissé une main entre ses cuisses. Elle se masturbe en me suçant. Je vois, tout en bas, ses doigts aller et venir sous l'échancrure de son short. Elle doit mouiller autant que moi – elle m'aime, elle me désire. L'idée de nos deux sexes palpitant du même désir provoque un premier spasme. Je me tords en me mordant les lèvres. Elle doit le sentir : ses doigts dansent au même rythme, elle me lèche le clitoris à petits coups gourmands. «Oh oui… Continue, ma chérie… Tu me fais jouir…» Je n'arrive plus à me retenir, je suis secouée de violentes contractions. «Je viens… Lèche bien mon petit bouton…» Elle se masturbe plus vite, ses doigts brillent de liqueur ; elle me dévore la chatte à grands coups de langue. Des éclairs. Un cri, que je ne peux retenir. Je donne des coups de reins contre sa bouche, en gémissant et en jouissant sans retenue, agrippée à ses cheveux.

Certes, ce dernier scénario est longuement élaboré, mais il n'est pas nécessaire qu'il le soit autant pour qu'il provoque notre orgasme. Dans certains cas, particulièrement lorsque nous nous imaginons nous faire lécher par une femme, il suffit de quelques images, de quelques caresses clairement définies dans leur progression, pour que le fantasme de nous faire lécher, ajouté à l'interdit d'une relation homosexuelle, nous fasse jouir rapidement.

Je vois qu'elle entreprend de se caresser les seins par-dessus le tissu de son chemisier, puis elle en défait lentement les cordons, avant de l'ouvrir pour me dévoiler des seins magnifiques, enserrés dans un soutien-gorge blanc. Elle continue de se caresser d'une main, tandis qu'elle glisse l'autre sous sa jupe, ondulant des hanches et se caressant au-dessus de moi. Après un moment, elle fait glisser sa jupe sur le sol et se retourne. Elle dégrafe son soutien-gorge et le laisse choir. Ses doigts se portent sur le rebord de sa culotte, qu'elle fait rapidement glisser. Puis, lentement, très lentement, elle se retourne vers moi, ne portant plus que son bas de nylon. Elle avance vers moi et se met à genoux par-dessus mon sexe, l'effleurant du sien langoureusement. Elle retire mon chemisier, puis se met à nouveau à me caresser les seins, mais je sens cette fois les siens effleurer mon corps. Elle se frotte contre moi ; elle s'excite contre moi. Je trouve cela vicieux, mais aussi excitant. Dans un gémissement, elle presse son sexe contre le mien : elle jouit et m'asperge de sa cyprine.

Sans dire un seul mot, elle glisse entre mes jambes qu'elle écarte toutes grandes. En penchant son visage contre mon sexe, elle passe mes jambes sur ses épaules et plonge sa langue en moi. Je me cabre de plaisir. Je pousse un long râlement et pose mes mains sur ses cheveux, la pressant davantage contre moi pour qu'elle poursuive son cunnilingus. Ce faisant, elle allonge les bras et ses mains expertes se mettent à me pétrir la poitrine. Je halète. Je gémis. Soudain, je sens qu'elle approche son doigt de mon anus ; elle le promène autour de ma rosette. Dans un soupir, je lui lance : « Oui, enfonce-le... Branle-moi le cul... » Elle ignore ma supplique et continue de me lécher et de laisser son doigt jouer avec mon cul ; c'est son pouce que je sens glisser le long de ma fente.

Puis, alors que sa bouche se concentre sur mon clitoris, que ses lèvres l'aspirent, qu'elles le mordillent avec une étonnante efficacité, je sens ses doigts me pénétrer à la fois le cul et le sexe. Je serre les jambes – elle me fouille de partout. Je me mords les lèvres et je jouis aussitôt, laissant ma cyprine lui inonder le visage. Elle me regarde, tout en se léchant les lèvres de façon provocante ; elle me relève, m'empoigne la nuque et me force à goûter mon propre jus sur ses lèvres et dans sa bouche. Je la regarde dans les yeux. Je suis délicieusement ravie.

Pour conclure sur ce fantasme, impossible de ne pas évoquer le scénario où le cunnilingus n'est pas fait par une seule femme, mais par plusieurs. Certes, il se confond en un certain sens avec celui de faire l'amour à plusieurs, mais, dans le cas particulier raconté ci-dessous, l'accent est mis sur le cunnilingus, les bouches qui le prodiguent ne deviennent alors que des «accessoires».

Il y a une histoire que j'aime particulièrement me raconter. Je suis dans une immense maison, je me promène dans les corridors et soudain j'entends des voix. Celles-ci viennent d'une pièce au fond du corridor. Je m'approche, j'ouvre tout doucement la porte et je vois quatre ou cinq femmes nues, enlacées sur un grand lit, se caressant de toutes sortes de façons.

Tout à coup, une de ces femmes me voit, m'attire au centre de la pièce et ferme la porte à clef. Les autres se rapprochent et m'entourent, elles ne sont pas agressives, elles me disent que je suis belle, que j'ai un corps magnifique. Elles touchent mon cou, ma nuque, mes épaules. Elles caressent mes bras nus, je ne dis rien, je ne bouge pas. Elles deviennent de plus en plus entreprenantes, une bouche cherche la mienne, des mains touchent mes seins. Les caresses deviennent de plus en plus précises, des mains glissent sous ma robe, caressent mes cuisses. J'essaie tant bien que mal de les repousser, mais je ne peux pas car elles sont trop nombreuses. Je me sens le centre d'intérêt de ces femmes et elles m'entraînent avec elles dans des plaisirs défendus.

Elles s'y mettent à plusieurs pour me déshabiller, mes seins se retrouvent nus, caressés avec douceur ou empoignés un peu plus durement; elles pincent mes bouts tendus, les sucent et les mordent. Elles me débarrassent de ma petite culotte; plusieurs mains se retrouvent sur mes cuisses, elles se frottent contre moi. Une main essaie de s'introduire entre mes jambes, je resserre les cuisses, mais c'est peine perdue, car elles me prennent les jambes doucement mais fermement pour les écarter. Je suis démunie et elles en profitent ouvertement. Une main plonge entre mes cuisses ouvertes et me caresse le sexe. Puis, je sens une autre glisser sa bouche de mon cou à mon ventre, jusqu'à se presser, s'écraser sur mon pubis. Cette bouche impatiente cherche ma vulve. Je n'attends que ça, mais pour me donner bonne conscience, je résiste un peu. Mais je finis par lui ouvrir mes cuisses et lui tendre mon ventre. Ses lèvres, puis sa langue s'emparent de ma chair la plus intime. C'est doux et fort. Je ressens un plaisir violent. Je perds tout à fait les pédales. Je jouis.

Toutefois, elles ne me laissent pas de répit et une autre prend la place, en me traitant de tous les noms. À elle aussi, je lui ouvre grandes mes cuisses pour qu'elle puisse venir y fouiller tout à son aise. Jamais je ne me suis offerte aussi totalement, même, et ça me gêne de l'admettre, à mon mari. Sa langue joue avec ma chair, tantôt lourde, tantôt légère. Moi qui conserve toujours un peu de réserve quand je jouis dans les bras de mon mari, je hurle littéralement quand l'orgasme me secoue.

Et ce n'est pas fini. Elles m'écartent les bras et les jambes et les maintiennent ainsi, elles me regardent. L'une d'elles écarte les lèvres de mon vagin pour voir et montrer aux autres combien je suis inondée — je me sens humiliée. Une grande blonde plantureuse, qui semble posséder l'autorité dans le groupe, commence à son tour à me caresser pendant que les autres ne perdent rien du spectacle. Sa main avance sur mon ventre, ses doigts glissent dans ma chatte, s'enfoncent et ressortent. J'ai du plaisir, je gémis, elle continue ; je sens le plaisir augmenter à chacune de ses caresses, je ne peux m'empêcher de jouir. Les doigts de la femme sont pleins de mon jus, elle me les passe sur mes lèvres et me force à les sucer. Elle s'assoit ensuite sur mon visage se frottant sur mon nez et sur ma bouche, je sens son odeur et je la lèche. Pendant ce temps, une autre femme mouille mes fesses et mon anus, son doigt me sodomise et cela me procure un plaisir indescriptible.

Imaginer que l'on puisse me faire tout ça m'excite énormément, mais ces longues rêveries se terminent toujours de la même manière : j'ai envie de jouir immédiatement. Mon sexe est tout chaud et ma main ne peut résister à la tentation de le caresser ; je suis toute mouillée et j'ai le goût d'avoir un orgasme. Je suis tellement excitée que je jouis la plupart du temps très rapidement, puis j'ai souvent un second orgasme moins puissant mais plus long.

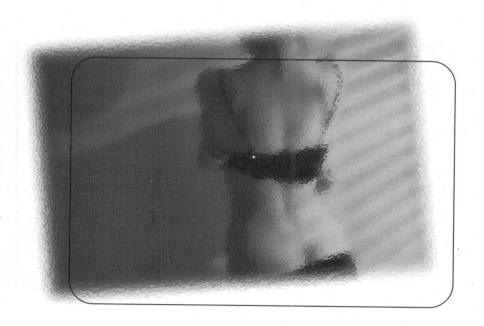

CHAPITRE 5

Rêver de romantisme

Les fantasmes d'inspiration romantique sont sans conteste ceux que les femmes reconnaissent le plus facilement, sans doute parce qu'ils sont de ceux qui semblent les plus acceptables. Cela paraît plus «normal», moins pervers, de dire: «Mon fantasme, c'est de faire l'amour sur une plage de sable blanc, au coucher du soleil, sous les tropiques» que: «Je rêve d'être soumise à une bande de voyous qui se livrent à tous les actes sexuels imaginables!»

Pourquoi cette perception? Parce que les fantasmes romantiques mélangent sexe et liens sentimentaux, et que la plupart sont dignes de la collection «Spicy» de Harlequin : un homme très beau, une femme seule ; il nous fait lascivement l'amour dans un lieu inspirant. Certains de ces fantasmes poussent tout de même l'audace un peu plus loin, mais à peine ! Personnellement, je ne connais pas beaucoup de femmes qui ont ce genre de fantasmes à l'eau de rose, j'en connais cependant quelques-unes dont les fantasmes sont très légers, mais les sexologues affirment que la plupart des femmes «normales» ont ce type de fantasmes – à croire que la majorité de mes copines sont des déviantes !

Ajoutons également que plus souvent qu'autrement ce fantasme est relié au premier rendez-vous que nous aurions avec un homme, alors que nous n'avons aucun quotidien commun et que la magie est encore possible.

Ah ! ce premier rendez-vous ! Ne le rêvons-nous pas, ne l'imaginons-nous pas de mille et une façons avant de nous arrêter sur un scénario précis ? Bien sûr, cette mise en scène se concrétise rarement. De là ce fantasme que nous jouons et rejouons sans cesse selon différents scénarios que nous élaborons en esprit chaque fois qu'un homme titille notre imagination. Cet exemple est évocateur de ce genre de fantasme, d'autant que la partie sexuelle est bien mince.

À peine es-tu rentré chez moi que je t'entraîne par la main à la salle de bain. Sans un mot, je commence à me déshabiller pour que tu prennes exemple. Mon chemisier, que je déboutonne doucement en te fixant, mon jean qui entraîne avec lui ma petite culotte et, enfin, mon soutien-gorge qui glisse pour tomber à mes pieds. Tu es un peu ahuri. D'un regard, je te fais comprendre que j'attends la même chose de ta part. Prestement, tu fais passer ton t-shirt par-dessus ta tête, tu déboutonnes ton jean et enlèves ton slip tout aussi vite. Mais tu n'auras pas ce que tu désires avant que j'en aie décidé autrement. Je vais te faire languir !

D'abord, je te fais t'asseoir sur une chaise, nu comme un ver. Je fais couler l'eau chaude et remplis le lavabo, puis je mets une serviette à chauffer et je me dirige vers l'étagère. J'en sors une mousse à raser et un rasoir. Enfin, tu comprends mon manège et tu esquisses un sourire. Tout est fin prêt. Je répands une montagne de mousse dans une main, je l'étale sur les deux mains et je m'assois à califourchon sur toi. Je te caresse le visage avec la mousse. Pendant ce temps, tes mains ne restent pas inactives. D'abord, tu frôles mes seins dans une caresse très sensuelle, ensuite tu les empoignes fermement en les faisant monter et descendre. Je me penche légèrement pour attraper le rasoir sur le lavabo, ce qui les rapproche davantage de ta bouche. D'une langue agile, tu en lèches un le temps que je me rassois convenablement sur toi. Je pose le rasoir sur ta joue et, doucement, le fais glisser sur ta peau ; je répète l'opération jusqu'à ce que tu sois bien rasé partout. Toutefois, c'est avec difficulté et lentement que je parviens à le faire, car une de tes mains a lâché mon sein et a commencé à titiller mon clitoris. Je me retiens pour ne pas onduler des hanches. Lentement, de l'autre main, tu caresses mon anus. Heureusement que j'en ai fini avec le rasoir !

Je profite encore un instant de tes caresses, puis je me lève. Tu veux m'imiter, mais je t'en empêche : je n'ai pas encore fini !

De mes deux mains, je prends de l'eau chaude du lavabo et te frotte le visage pour enlever la mousse qui y reste. Puis, je prends la serviette chaude et je t'enroule le visage dedans. Pendant que tu attends, je m'agenouille devant toi. Ta queue, bien qu'excitée, ne me satisfait pas encore. Je cherche à l'embraser par quelques baisers légers sur toute sa longueur. La réaction ne se fait pas attendre. Après ces doux baisers, je commence à te lécher et à te prendre dans ma bouche, le plus profondément possible. Tes mains dans mes cheveux m'imposent le rythme que tu désires. Comme je sens que tu ne sauras plus te retenir encore bien longtemps, je me relève et retire la serviette.

Il reste encore un dernier détail à régler : la lotion après-rasage. J'en verse un peu au creux de ma main et reviens à nouveau m'asseoir à califourchon, sauf que cette fois je m'empale lentement sur ton sexe durci. Aucun de nous ne bouge, savourant cette première pénétration. Puis, je caresse ton visage pour l'humecter de l'après-rasage. Ça te pique légè-rement, mais tu l'oublies vite, quand je commence à me mouvoir. Décid-dant que j'avais mené le jeu assez longtemps, tu me tiens fermement par la taille pour imposer ton rythme. Toujours assise sur toi, tu me montres la cadence et, lorsque tu es satisfait, tes mains remontent le long de mon dos pour venir attraper mes gros seins qui se trémous-sent devant tes yeux. Ta queue me procure une sensation unique, et avec en plus tes caresses je me sens partir à la dérive. Au moment où je crois défaillir, tu te crispes une dernière fois pour me remplir complè-tement.

Le scénario qui suit est un exemple type de ce genre de fantasme où amour et érotisme sont indissociables. Un peu plus osé que le pré-cédent, mais toujours teinté de tendresse et de désir.

Nous choisissons un petit restaurant intime, lumières tamisées, deux ou trois couples ici et là, musique d'ambiance. Nous prenons place à une table loin des regards. Le maître d'hôtel ne peut s'empêcher de jeter un œil sur ma taille fine ; je sens ses yeux caresser ma poitrine. Je m'en amuse et ça amuse aussi mon partenaire, car il est fier d'être en ma présence.

Je sens peu à peu monter en moi une chaleur que je reconnais, celle de l'excitation. Il le voit bien dans mes yeux. Il pose sa main sur ma cuisse nue. Il la caresse, l'effleure. Je décroise les jambes. J'ai envie qu'il aille plus loin, j'ai envie de sentir ses doigts en moi. Il le comprend. Du bout des doigts, tout doucement, il titille mon bouton, le caresse, le chatouille ; il explore mon intimité et, au moment où je vais sentir son index s'enfoncer en moi, le serveur vient nous demander si tout va bien. À voir la bosse dans son pantalon, je comprends qu'il nous regardait depuis un moment déjà, mais loin de me gêner, cela m'excite encore plus.

La commande passée, je chuchote quelques mots à l'oreille de mon partenaire et me dirige vers les toilettes. Quelques instants plus tard, mon homme me rejoint. À peine la porte se referme-t-elle que déjà je

suis nue et je détache sa braguette pour m'emparer de son sexe, m'agenouiller et le porter à ma bouche. Je chatouille le gland du bout de la
langue, puis lèche son membre dur. Mes mains impriment un mouvement de va-et-vient que j'accompagne au même rythme de mes lèvres.
Il me prend la tête, l'attire encore davantage sur sa queue que je sens
tout au fond de ma gorge. J'accélère le mouvement. Sa respiration augmente, tout comme la mienne. J'ai maintenant envie de sentir son
membre en moi. Je retire son sexe de ma bouche, je me cambre et m'ap-
puie contre le mur, et je lui dis de me pénétrer. Il s'enfonce tout doucement, puis accélère la cadence.

Je règle mes mouvements avec les siens. Avec mon doigt, je me
caresse. Le plaisir monte en moi et je ne pourrai me retenir plus longtemps; mon amant le sent et me dit qu'il est prêt à jouir lui aussi. Dès
lors, je le sens m'emplir de son sperme, ce qui provoque instantané-
ment mon orgasme. Le temps de remettre de l'ordre dans nos vêtements et nous retournons à notre table...

Le fantasme de cette femme emprunte en partie à l'esprit des précédents, sauf que l'amant qui procure le plaisir est son amoureux –
toujours la notion de sentiment donc. En outre, ce fantasme n'est pas
très loin de la réalité, ce qui laisse entendre qu'il a été – ou pourrait
être – réalisé.

Pour nous prouver mutuellement notre amour, mon amant et moi
avons décidé de baiser jusqu'à plus soif, à la limite de nos forces. Pour
préparer cet exploit amoureux, j'ai sorti des dessous très sexy ainsi
qu'un ensemble de cuir comprenant une jupe et un chemisier noirs. Je
me suis maquillée avec grand soin et j'ai mis un délicat collier de perles
à mon cou car je sais que mon amant l'aime. Lui est allé dans une boutique érotique pour acheter un aphrodisiaque. Je ne crois pas trop à
l'effet de ces trucs, mais sait-on jamais...

À vingt et une heures, nous avons débouché le champagne et bu
une première coupe. Nos bras se sont croisés et nous avons trinqué.
Mon amant m'a dévisagée et son regard a brillé de luxure; moi aussi je

crois que mes yeux ont pétillé. J'aime être aimée longuement et je savais qu'il allait me satisfaire.

Je ne comprends pas trop les femmes qui se font sauter à la va-vite et qui semblent s'en contenter. C'est bien comme apéritif, mais après il faut faire durer le plaisir. Par chance, mon amant ne fait jamais l'amour à moitié, il aurait d'ailleurs perdu sa place depuis longtemps! Il possède deux qualités que j'apprécie par-dessus tout: non seulement peut-il connaître plusieurs érections consécutives, mais aussi, surtout dirais-je, il les maîtrise très bien. Je peux me déchaîner autant que je veux, me tortiller comme un serpent, le supplier longuement pour qu'il éjacule, rien n'y fait tant qu'il n'a pas décidé que c'était le moment.

Après avoir bu un peu de champagne, mon homme a ouvert mon chemisier et versé sa coupe sur les pointes de mes seins. Le liquide m'a procuré un frisson. Puis, sa langue est venue me lécher les mamelons. J'ai glissé ma main entre ses cuisses pour palper la grosse bosse formée par sa queue bien dure. Il a commencé à donner des coups de reins dans le vide en respirant de plus en plus fort puis, n'y tenant plus, il m'a culbutée sur le tapis pour continuer à me lécher les seins et à me toucher l'entrejambe.

Notre torride marathon amoureux vient de commencer. D'un seul coup, il m'a pénétrée et, sitôt accouplés intimement, nous avons varié les positions à l'infini. Parfois, mon homme restait juste en moi, bien raide mais immobile, puis dès que je le provoquais d'un mouvement des hanches, il répondait en me défonçant plus fort avec des violents coups de reins. Mon amant m'a amenée régulièrement au plaisir et lui a pris le sien. J'ai eu son sperme dans la bouche, le vagin et le cul. Il a aussi envoyé d'autres giclées sur mon visage et dans mes cheveux, sur mes seins que je lui tendais à deux mains comme une offrande. Ses couilles ont semblé intarissables.

Tard dans la nuit, j'ai cru qu'il allait flancher. Son membre a été insensible à mes caresses et j'ai eu beau le sucer, il restait mou. Sans s'avouer vaincu, il a utilisé l'aphrodisiaque. J'ignore encore si c'est grâce à ça, même si j'en doute, il a vite retrouvé la forme pour me posséder encore et encore. Je n'ai jamais vu mon amant aussi performant. Pourtant, il a souvent eu l'occasion de m'impressionner. L'aube nous a surpris enlacés, hagards, vraiment épuisés et repus... encore plus amoureux que jamais !

Comme on le voit, le fantasme romantique n'exclut pas nécessairement un aspect charnel plus aventureux, plus provocant. En réalité, ce qui compte le plus, ce qui doit être mis à l'avant-plan ici, c'est la notion de sentiments amoureux. Peu importent les gestes ou les mots, le couple doit être en osmose complète.

Le récit de ce fantasme met davantage en relief l'importance de la première rencontre, puisque la femme qui l'imagine et le raconte ne sait pas quel sera le partenaire qui le concrétisera, et même ignore s'il se réalisera vraiment un jour.

Si, un soir, nous sommes appelés à nous rencontrer, notre lieu de rendez-vous sera une chambre d'hôtel. Et comme tu l'auras prévu, je serai en avance sur toi. Quoiqu'un peu anxieuse, j'aurai tout de même poussé la porte. Mais voilà, soudain, j'entendrai ta voix derrière moi. Tu m'ordonneras gentiment de ne pas me retourner et de te laisser me bander les yeux. Je sentirai ton odeur, ton eau de toilette. Ça me troublera déjà. Puis, tu me guideras de ta voix vers le centre de la pièce, là où je sais que tu commenceras à me déshabiller du regard. Tu tourneras autour de moi, tu me frôleras. Je sais que ton sexe sera déjà durci.

Tu déboutonneras mon chemisier, juste de quoi entrevoir ma poitrine généreuse, mise en évidence par un soutien-gorge à balconnet noir. Tu t'agenouilleras devant moi et feras descendre la fermeture de ma jupe. Qui tombera aussitôt à mes pieds. Tu verras mon collant et mon tout petit string noir. Mon cœur battra à tout rompre, j'aurai envie de te toucher, mais tu ne me le permettras pas. Au contraire, tu me plaqueras contre le mur, comme pour me punir de mes désirs. Tes doigts se mettront à sculpter ma poitrine avant de descendre vers mon ventre, d'arracher brutalement mon collant, puis de glisser vers ce morceau de tissu déjà trempé. Tu t'amuseras tout d'abord à exciter ma chatte par-dessus mon string, à caresser mes poils pubiens qui débordent légère-ment des élastiques. Je gémirai. Tu passeras un, puis deux doigts des-sous.

Mon cœur s'accélérera, mon désir montera et me fera écarter davan-tage les jambes et plier les genoux. Je serai obligée de me retenir à ce que je croirai être une commode pour ne pas basculer. Mon entre-jambe deviendra de plus en plus mouillé et une chaleur intense mon-tera en moi. Sans avoir le temps de m'en rendre compte, tu me dénuderas le bas, tout en continuant à me doigter si bien. Mais ce sont les mouve-ments de ta langue sur mes lèvres gonflées qui m'obligeront à t'agrip-per les épaules au moment où tous mes muscles se contracteront, me tétaniseront l'espace d'un instant. L'instant de mon premier orgasme.

À mon relâchement, ta langue continuera à m'effleurer afin de prolonger au maximum mon plaisir et ma jouissance. Tu me conduiras alors sur le lit où je pourrai enfin sentir ta peau, de mes mains, de mon nez. D'un souffle chaud, que tu pourras sentir contre toi, je parcourrai ton corps dénudé, de ton cou à ton ventre. Mes seins t'effleureront et se presseront contre ton ventre au moment où j'engloutirai ton sexe dans ma bouche. Comme je te sentirai embrasé, mes mains passeront sous tes fesses pour revenir sur tes bourses. Ma bouche ira et viendra sur ta queue toute tendue, la laissant parfois s'échapper, pour que je puisse remonter doucement le long de ta colonne de chair si dure, si droite, avant de l'enfouir à nouveau dans ma bouche. Oui, je te sucerai comme tu en rêves. Tes mains sur mes seins traduiront parfaitement ce que tu ressentiras à chacun de mes mouvements et ça m'excitera encore plus.

C'est alors que, les yeux toujours bandés, je me redresserai, me retournerai et m'empalerai sur toi. Mes mains t'empêcheront de bou-ger les poignets. Tu jouiras, oui. Mais à mon rythme, sous mon rythme ! Je sentirai que tu voudras accélérer la cadence et je prendrai un malin plaisir à te freiner, contractant les muscles de mon sexe pour mieux te posséder. Tu deviendras fou. Mes jambes s'écarteront davantage et, au moment où tu me demanderas de t'embrasser, j'accélérerai le rythme, je pencherai la tête vers toi, mais je ne t'embrasserai pas. Quelque chose m'en empêchera. Je sentirai une contraction incontrôlable de tous mes muscles qui me raidira totalement à m'en projeter la tête en arrière, m'obligeant à te lâcher les mains. Cet orgasme-là me fera gémir comme jamais auparavant, et ces gémissements et ces hurlements accompagneront les tiens. Tu jouiras. À peine retombée sur le lit, je pourrai sentir ton sperme recouvrir mon ventre, puis mes seins.

Quelques instants plus tard, tu me murmureras l'endroit de notre prochaine rencontre. Épuisée, je m'endormirai dans cette chambre d'hôtel pour ne me réveiller que bien des heures plus tard, brisée, courbaturée. Mon premier réflexe sera d'enlever ce foulard qui me bandera toujours les yeux et de découvrir le visage de mon bienfaiteur, mais je ne te verrai pas. Je ne verrai que des draps froissés et une rose blanche déposée sur le lit.

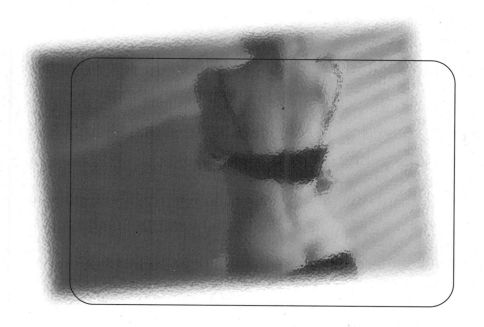

Être violentée

Parmi les fantasmes féminins, celui d'être violée ou violentée, même s'il est assez répandu, est parmi les moins avouables. Pour tout dire, il s'agit du plus tabou d'entre tous. D'ailleurs, il n'est pas rare, une fois l'orgasme atteint, qu'un certain sentiment de honte ou de culpabilité se fasse sentir, et je ne parle pas de l'incompréhension ni du jugement que peuvent exprimer celles ou ceux à qui l'on pourrait confier de fantasme. Il n'y a pourtant aucune raison qu'il en soit ainsi. Ce n'est pas parce qu'on imagine écrabouiller son patron avec un camion que l'on va mettre en œuvre cette envie! Il en va de même avec certains fantasmes sexuels qui sont des «défouloirs» et qui font partie d'un imaginaire que l'on ne peut pas contrôler. En ce sens, il faut savoir qu'il n'y a pas de bons ou de mauvais fantasmes – ces derniers jouent simplement le rôle d'interprète ou de décodeur de notre inconscient pour mieux se comprendre et agir dans la réalité.

Les psychologues, les psychanalystes et autres experts qui se sont penchés sur le fantasme du viol sont parvenus à faire ressortir deux principales explications. La première serait pour se dédouaner : la sexualité s'accompagne bien souvent encore d'un sentiment, conscient ou non, de culpabilité. En se mettant en scène mentalement comme une victime d'un acte sexuel forcé, on se déresponsabilise du plaisir éprouvé. La femme peut ainsi se dire : «J'ai du plaisir, mais c'est contre ma volonté.» La seconde explication veut que, par ce fantasme, on se sente irrésistible : dans son imaginaire érotique, la femme visualise un homme la forçant à avoir des rapports sexuels avec lui parce qu'il ne peut contrôler son envie pour elle tant celle-ci est désirable.

Mais restons au plus simple et disons simplement qu'un fantasme est simplement un fantasme et qu'il est là, dans notre esprit, simplement pour nous donner du plaisir.

Ce premier récit montre que la contrainte est parfois tout ce qu'il y a de plus «innocent», en ce sens qu'elle n'induit pas nécessairement à la démesure. Dans ce cas-ci, il s'agit plus d'un état d'esprit entre les partenaires que le rêve d'actes plus lubriques. En outre, le récit nous fait comprendre que la situation s'est produite *avant* que se fasse la prise de conscience selon laquelle il s'agissait d'un rêve qui n'avait jamais été exprimé.

> Mon mari et moi ne cessons pas de nous taquiner l'un l'autre, de nous agacer et, en même temps, de nous exciter. Je porte un de ses pantalons de pyjama ainsi qu'un très grand coton ouaté. Au fil de ce jeu innocent et de ces tiraillements, je constate que mon mari me regarde avec le désir dans les yeux en touchant furtivement mes seins et mon

sexe, et qu'il commence à bander. Mais je me refuse à lui pour m'amuser. Soudain, il se jette sur moi en me disant: « Tu vas voir ce qu'il va t'en coûter de m'aguicher comme ça! Je vais te violer! »

Je me débats, mais il réussit à me saisir et m'entraîne sur le lit, ou plutôt il m'y jette, et je me retrouve à plat ventre. Je ris aux éclats, mais je continue à jouer le jeu. Mon mari pèse sur moi de tout son poids pour m'immobiliser. « Tu ne m'auras pas! lui dis-je. Ou alors, il faut que tu aies une queue en acier pour percer le pyjama. » « Si tu crois que ça va m'arrêter! » me lance-t-il! L'instant suivant, ses mains saisissent le coton du pantalon pour le déchirer. La couture ne résiste pas. Et, au même moment où il cède, j'abandonne la lutte. Mon mari baisse son short et me prend comme une moins que rien. Sa bite raidie me pénètre d'un seul coup, je ressens une certaine douleur, mais mon excitation est telle que je tends le bassin pour qu'il s'enfonce davantage. Il prend appui sur mes épaules et me donne de violents coups de reins en murmurant des obscénités à mon oreille, du genre: « Tu aimes te faire prendre de force, non? Tu aimes te faire défoncer? Sens comme tu es ma petite pute... »

Ce que j'aime surtout, c'est d'être prise tout habillée, le pantalon déchiré – c'est une sensation extraordinaire. Je me sens vraiment prise, forcée par une queue, sans autre contact sur ma peau. Seulement ce membre dur dans mon sexe, rien d'autre.

Après avoir joui, je lui avoue combien cette mise en scène m'a excitée et que je viens de connaître le plus bel orgasme de ma vie – lui-même me dit partager ce sentiment, qu'il a aimé me prendre de force, me violenter, même s'il sait que j'avais été consentante. Cela nous a tant plu que, par la suite, nous avons raffiné la chose: nous luttons en corps à corps, en faisant en sorte que nos corps ne se touchent en aucun point, à l'exception de nos sexes... Et j'en ai toujours autant de frissons!

Ce type de fantasme recourant à l'idée de « violence » est si puissant – et s'inscrit tellement dans l'interdit – qu'il n'a parfois pas besoin d'être tellement élaboré. La seule idée de soumission est en elle-même jouissive, comme ici.

Je sors seule et je croise un ami que je n'ai pas vu depuis plusieurs années. Après une soirée bien arrosée, et au demeurant fort agréable, il m'invite à passer la nuit chez lui – il ne reste qu'à quelques coins de rue du bar où nous nous sommes rencontrés. J'accepte avec beaucoup de plaisir, car il est toujours aussi séduisant qu'avant. Chez lui, il m'offre à nouveau un verre et nous discutons pendant un moment. Durant la conversation, il me montre à faire des nœuds marins, lui-même étant un amateur de voile. C'est ainsi que les choses commencent à devenir plus excitantes lorsqu'il me lie les poignets avec une corde, juste comme pour nous amuser et me faire une démonstration d'un type de nœud particulier. Puis, en rigolant, il me menace d'abuser de moi ; je lui réponds du tac au tac que je ne demande que ça ! Sans me détacher les mains, il me conduit dans sa chambre et je n'offre aucune résistance. Il me déshabille et m'attache aux montants du lit.

Il prend alors un petit fouet et me flagelle en m'ordonnant de lever mes fesses afin que je lui présente mon cul. Aussi sordide que cela puisse être, tout cela se passe dans une ambiance décontractée. Je ne fais que me soumettre à son désir et à ses ordres qui, je l'avoue, m'excitent terriblement. Après cette flagellation aussi cuisante qu'aphrodisiaque, il m'abandonne ainsi à mon sort, ligotée, offerte à ses désirs de caresses ou d'outrages, et cela dure toute la nuit.

Tôt le matin, je me réveille avec une grosse envie. Je défais mes liens et je vais aux toilettes, mais lorsque j'en reviens, il se réveille. Il fait alors mine d'être en colère et m'attache de nouveau avant de me fouetter lascivement et d'abuser de tous mes orifices. Et cela dure – ô merveilleux délices ! – jusqu'à ce que nous tombions de fatigue pour de bon.

Comme je l'ai souligné précédemment, reconnaître, avouer des rêves de soumission – parce qu'être violentée c'est d'abord et avant tout vouloir se soumettre – n'est pas le genre de choses que l'on avoue aisément. Nous imaginons un scénario parfois si torride, si agressif aussi, que nous ressentons une certaine honte à l'idée de le partager avec un amant, voire avec notre partenaire amoureux régulier ou même notre conjoint. Mais ne faut-il pas nous interroger à savoir s'il ne nourrit pas secrètement, lui aussi, ce même fantasme?

Mariée depuis huit ans à un homme fidèle et à qui je le suis, avec qui je suis en parfaite harmonie, qui me fait très bien l'amour, je pourrais sembler sans histoire et n'avoir aucune raison de souhaiter partager une expérience si ce n'était une envie perverse qui s'insinue dans mon esprit: moi qui ai un mari tendre et attentionné que beaucoup pourraient m'envier, je ressens le besoin de me faire forcer, humilier, maltraiter, battre. Oui, disons-le: j'ai envie d'un homme qui me forcerait à m'agenouiller devant lui pour lui sucer la queue en me traitant de salope, qui me dise que j'aime ça quand il m'éjacule sur le visage, qui, après, en me maltraitant, arrache mes vêtements en me jetant nue sur le lit. Pis encore, je rêve qu'il m'y ligoterait sur le ventre, qu'il me donnerait une fessée jusqu'à ce que ma peau soyeuse rosisse. Je voudrais même qu'il ait alors l'envie sournoise de vouloir apaiser ma souffrance en déposant sur mes fesses endolories des baisers suaves, en les léchant, en plongeant sa langue dans mon anus que j'aurais déjà mouillé, le tout en me susurrant des mots cochons à l'oreille.

Puis, les coups reprendraient avec encore plus de violence et pleuvraient à nouveau sur mon postérieur qui commencerait à vraiment rougir. À travers les larmes qui embrumeraient mon regard, je pourrais apercevoir qu'il est très excité, que sa queue est gonflée, tendue; je devinerais qu'il est en train de perdre tout jugement et qu'il n'est plus capable de maîtriser ses actes tant le désir est grand. La souffrance qu'il m'infligerait me plongerait dans les abîmes du plaisir et je n'en pourrais plus d'attendre l'humiliation ultime, celle où, pris de rage, il m'enculerait sans aucun égard pour moi et mes sensations. Il enfoncerait férocement son membre dans mon cul; il ne me baiserait pas le cul, il le défoncerait et, presque malgré lui, j'arriverais à la jouissance suprême, à l'orgasme qui me ferait moduler de douces plaintes de plaisir. Cela le mettrait tant en rage qu'il planterait ses ongles jusqu'au sang dans mes seins qu'il broierait presque avec ses mains. Certes, si cela se passait ainsi, je souffrirais, mais je jouirais également d'une manière démesurée. Après avoir écartelé mon anus sans avoir réussi à s'y vider les couilles tant le désir rageur qui l'animerait lui donnerait une puissance sexuelle démesurée, il forcerait toujours par-derrière mon sexe et le meurtrirait de ruades sauvages. Cela serait si bon et si violent que j'en hurlerais, déchirée de plaisir, empalée jusqu'aux couilles par cette verge vigoureuse qui me fouillerait le vagin sur un rythme implacable, lent et méthodique.

Quand, finalement, le sperme monterait dans sa colonne de chair, il ne voudrait même pas en faire l'offrande à l'orifice qui le lui aurait soutiré, et il me le cracherait sur le dos, sur les fesses et sur les reins. Après, il me l'appliquerait sur mes fesses endolories en me disant que c'est là le meilleur remède pour apaiser les blessures de sexe. Mon imagination ne va pas assez loin pour savoir comment cela pourrait se finir...

Cette idée d'être violée ou violentée n'est pas nécessairement une obsession, surtout lorsque le scénario est élaboré avec notre conjoint ou notre mari. Parfois, c'est simplement une idée inspirante qui met du piquant dans une sexualité routinière. Ce témoignage en est le parfait exemple.

Pas un jour ne passe sans que nous fassions l'amour; cela peut avoir lieu avec ou sans pénétration, de la façon la plus douce ou la plus violente. Notre maison est un cocon d'amour, une tanière de sensualité qui résonne chaque nuit de notre lubricité, de nos vociférations. Nous possédons des kyrielles d'accessoires, achetés ou fabriqués, des dizaines d'objets détournés de leur vocation pour servir notre plaisir, comme ce pilon en bois d'olivier que mon conjoint a poli, gorgé de cire et de graisse avant de me pénétrer avec celui-ci. Notre connaissance l'un de l'autre est telle que le moindre indice nous met sur la voie de ce que l'autre désire.

Ainsi, l'autre soir, il est rentré tard du travail, mais à peine a-t-il aperçu ma tenue par l'entrebâillement de la porte qu'il a compris que je voulais être violentée et qu'il s'est mué en farouche agresseur. D'un coup d'épaule, il a poussé la porte, m'a agrippée par les hanches, bâillonnée d'une main avant de me projeter sur le canapé du salon. Il s'est alors rué sur moi, arrachant mon chemisier, troussant ma jupe, déchirant mes collants et ma culotte, et a étouffé mes cris sous un coussin. Tout en me maintenant fermement plaquée, il a baissé son pantalon et, comme un violeur, il m'a baisée avec sauvagerie. J'étais au bord de l'extase. Ses insultes, ses coups – tout de même contrôlés – attisaient encore plus le feu en moi. Il me traitait de salope et de bien d'autres choses encore, et avant d'avoir déchargé, il m'a retournée sur le ventre et m'a enculée à sec, brutalement, comme l'aurait fait n'importe quel maniaque sexuel. C'est là qu'il a joui tandis que j'ai hurlé de douleur et de plaisir, la tête enfouie dans les coussins.

C'est un fantasme que j'ai et que nous assumons, mais ce n'est pas notre seule façon de faire l'amour. D'autres fois, nous le faisons au ralenti. Pendant des heures, nous nous enivrons de délicieuses caresses. Nous ne sommes plus que jouissance et nous nous perdons dans les délices de la volupté. J'aime aussi l'attacher et lui faire subir les plus doux sévices ; je le suce jusqu'à le sentir prêt à éjaculer et je l'abandonne, ligoté, tremblant, les yeux exorbités. Puis, je reviens pour le faire jouir ou pour me frotter contre lui et m'accorder cet orgasme que je lui ai refusé. D'autres fois, je le caresse avec cette bougie enfermée dans un condom plein d'eau que je réchauffe entre mes mains et en la promenant sur mon corps, entre mes seins, ou sur le sien, entre ses fesses poilues. J'aime plus que tout le moment où il voudrait se libérer de ses entraves pour m'infliger à son tour quelques délicieux châtiments. Alors, je le sens à ma merci et j'abuse de cette supériorité pour jouir de lui.

Ce serait très long de vous raconter tous nos plaisirs, mais déjà il doit être possible de réaliser que nous ne sommes pas plus dépravés que ceux qui courent après de multiples partenaires et que nous trouvons au sein de notre couple des plaisirs toujours renouvelés.

Toutefois, l'idée d'être violentées est un scénario dans lequel nous pouvons aussi donner un rôle à notre partenaire du moment ou à notre conjoint ou mari, pour autant que nous sachions qu'il ne nous jugera pas sur ces idées et ce scénario inhabituels. Une amie nourrit ce type de fantasme, depuis longtemps d'ailleurs, mais elle n'a jamais osé s'en ouvrir à l'amant avec lequel elle partage pourtant sa vie depuis six ans. Puis, un jour, elle a décidé d'oser. Tant et si bien que quelques semaines plus tard, ils ont élaboré un scénario qu'ils ont réalisé.

Lors d'une soirée, je lui ai dit que j'aimerais «quelque chose» de fort, de dur, lui être soumise, vraiment soumise. Et quand nous avons mis notre scénario à exécution, je n'ai pas été déçue.

Il m'a demandé de l'attendre dans la chambre de l'hôtel, nue sous ma jupe et un masque sur les yeux – ce que j'ai fait. J'ai entendu la porte s'ouvrir; mon stress et mon excitation ont augmenté, car je ne savais pas ce qui m'attendait. Il m'a soulevée, a passé une main entre mes jambes pour vérifier que j'avais bien suivi ses instructions: il m'a trouvée déjà toute mouillée et il m'a dit: «Tu es déjà dans ton rôle de salope, tu mouilles...» Il m'a déshabillée complètement. Puis, sans ménagement, il a pris mes tétons entre ses doigts pour les faire durcir. La morsure d'une pince m'a fait avoir un geste de recul; l'autre sein a subi le même sort, puis j'ai senti quelque chose qui me frôlait le corps. J'ai compris plus tard que c'était une petite ficelle accrochée à des pinces. Il m'a demandé de me mettre à genoux. Avec son pied, il m'a fait écarter les jambes. Deux doigts ont passé de ma chatte trempée à l'entrée de ma petite rondelle, si désireuse d'être transpercée; elle le fut, par des gestes mécaniques. Il a écarté méthodiquement mon anus pour laisser passer un *plug* que j'ai gardé un bon moment! Je me suis sentie vraiment salope, son objet.

Me voilà donc à genoux, les seins pincés et le cul rempli. Ma surprise a été totale quand il m'a annoncé: «Je vais faire un tour, mais je vais t'attacher. Je veux te retrouver comme ça à mon retour... » Il a pris les ficelles qui pendaient des pinces : j'ai senti que ça tirait – et j'ai su aussi par la suite qu'il les avait nouées autour du dossier de la chaise – et j'ai entendu la porte s'ouvrir et se refermer. Après un certain temps, mes genoux me faisaient mal, mais je ne pouvais pas bouger. Le moindre mouvement me rappelait ces ficelles tendues qui tiraient les pointes de mes seins. Quel spectacle je devais donner ainsi, n'ayons pas peur des mots : une chienne qui attend son maître ! Mais le pire, c'est qu'en y pensant j'ai mouillé encore plus, j'ai senti que ça coulait le long de mes jambes.

Après un certain temps, qui a été évidemment interminable pour moi, il a ouvert la porte et, toujours sans un mot, il m'a libérée des pinces – ouf ! quel soulagement ! Il m'a redressée, a pris de nouveau entre ses doigts mes tétons meurtris pour les « réanimer ». Quelle douleur dans ce geste, mais quel plaisir aussi ! Devant mon sourire, il m'a annoncé que ce n'était pas fini pour eux ! Il m'a demandé de me lever ; puisque j'avais toujours cet objet entre les fesses, j'ai alors pris conscience dans cette position qu'il me remplissait encore plus. « Allonge-toi... » Il a pris mes mains qu'il a nouées entre elles et les a attachées aux montants du lit. « Écarte bien tes jambes... » J'ai senti des lanières passer entre elles, frôler lentement ma chatte.

Aïe ! « J'ai vu que tu avais essayé de bouger, dit-il, je voulais te punir, te fouetter, mais ce sera dix coups de plus ! Tu comptes ceux que tu as réclamés, et les dix de ta punition je les compterai moi-même. » Les dix premiers, ça allait, mais la douleur était présente. Les lanières n'ont rien épargné : à chaque coup, une contraction, et ce *plug* toujours en moi semblait s'enfoncer et s'enfoncer encore.

Au bout du vingtième, il m'a léchée pour calmer le feu. Il a compris que j'allais jouir et il s'est arrêté net. « Tu jouiras plus tard, une seule fois, mais ce sera fort, très fort... » Les coups ont repris, et les siens ont été les plus terribles. À la limite de l'agacement, sous mon masque, quelques larmes ont coulé, mais j'ai tenu bon. Et j'ai joui. J'ai joui. Comme jamais je n'avais joui dans ma vie.

Le scénario est parfois plus ambigu – le récit qui suit en est un bon exemple. La femme imagine encore son partenaire amoureux dans le rôle principal de l'agresseur mais, dans cette mise en scène, nous franchissons un nouveau pas : non seulement l'amoureux abuse violemment d'elle, mais elle ajoute aussi d'autres hommes qui seront autant de tortionnaires. Un fantasme pur et dur qu'on n'avoue à personne, surtout pas à son partenaire.

Quand mon homme a envie de moi, je suis toujours d'accord – c'est d'ailleurs souvent moi qui l'allume ! Je suis plus audacieuse, beaucoup plus vicieuse qu'il ne l'est – ça fait partie de mon charme, dit-il. Bien que j'accepte ses désirs et impose mes fantaisies, il en est certaines que je n'ose exprimer, mais que j'aimerais qu'il devine pour les réaliser. La plus torride est celle-ci. Mon mari aime bien m'imposer de petites épreuves, avec mon consentement, bien entendu, qui viennent pimenter notre vie sexuelle, comme me balader sans culotte, ou nue sous un léger imper ; pratiquer l'échangisme ou faire l'amour à d'autres femmes. Parfois aussi, il me fait lui téléphoner au bureau et me masturber pour lui ; sa voix grave et chaude me guide, pour ne pas dire qu'elle me commande, et cela me procure de bons orgasmes.

Toutefois, je rêve d'aller plus loin. Je fantasme à l'idée d'un truc plus *hard*. Je m'imagine, une nuit, obligée de satisfaire plusieurs hommes que nous aurions racolés sur Internet pour l'occasion – mon mari aurait bien insisté sur le mot « épuiser ». Je devrais – j'allais – rester à la disposition de ces types aussi longtemps qu'ils auraient envie de se servir de moi et de mes charmes. Comme cela ne me semblait pas une mission impossible – enfin, je ne me rendais pas vraiment compte –, j'accepterais de relever le défi sans trop me poser de questions.

Nous nous retrouvons donc dans un motel de la Rive-Nord. Les types sont arrivés les uns après les autres. Je suppose qu'ils ont tous le goût de baiser, de me sauter, je n'ai plus qu'à espérer qu'ils soient bons. Nous commençons tranquillement, par une série de fellations. Tous les invités – ils sont neuf, un s'est désisté au dernier moment – s'alignent devant moi, la queue bien dressée. À genoux devant eux, je les suce et les branle à un rythme précipité, changeant sans cesse de type pour les satisfaire tous. Mon mari, qui ne participe pas, filme le tout au caméscope. La série de pipes n'en finit plus, j'en ai mal à la mâchoire, et pourtant je n'ai provoqué l'éjaculation que chez deux d'entre eux. Les autres types restent plus raides que jamais et me menacent de leurs grosses matraques. Je commence à me dire que ça ne serait peut-être finalement pas aussi simple que je ne l'avais imaginé... Pendant que je tente de les faire jouir avec ma bouche, ils décident de s'occuper de moi. Protégés d'un préservatif, ils commencent à me prendre, à me limer, à me défoncer. Ils ont droit à tout – mon mari aurait été clair sur ce point : j'étais à leur disposition, quelle que soit la pénétration. En me faisant baiser par mes trois orifices, je m'imagine provoquer pas mal de dégâts, mais ils reviennent sans cesse à la charge, tant et si bien que je ne sais pas combien je provoque d'éjaculations au total cette nuit-là.

C'est surtout par-derrière que je ressens que c'est éprouvant – ces salauds s'acharnent à me défoncer interminablement le cul. Vers les trois heures du matin, littéralement devenue une épave, une victime qui subit, je ne ressens plus d'excitation ni de plaisir. Je m'imagine m'évanouir ou, à tout le moins, me retrouver dans un état second.

Le fantasme d'être violentée passe également par des chemins plus tortueux – vous avez probablement votre idée, sinon votre scénario, sur le sujet. Pour bien vous montrer que vous n'êtes pas seule à avoir des pensées «extrêmes», j'ai retenu ce récit parce qu'il est représentatif de plusieurs d'entre nous, le genre de fantasme que nous ne partagerions avec personne, même avec nos amis ou amies auxquels nous accordons toute notre confiance.

Pour concrétiser mon fantasme, je me vois passer le début de mon après-midi à la terrasse d'un bar, espérant avoir l'occasion de rencontrer quelqu'un. J'ai envie de faire l'amour, de baiser pour baiser, envie qui s'est renforcée au fil des heures, tant et si bien que je ne suis plus qu'une femme avide de sexe et prête à tout. Toutes mes pensées sont orientées vers le moyen de trouver le plus rapidement possible un partenaire. Que ce soir clair : ce n'est pas une histoire d'amour que je recherche, mais quelque chose de purement physique : un corps d'homme, son sexe, sa force, sa puissance, sa virilité. Me retrouver sous lui, les cuisses écartées et me sentir pilonner par sa queue. Je peux rester plusieurs semaines sans relation sexuelle, cela ne me dérange pas. Je fonctionne par périodes.

Puisque rien ne se passe à la terrasse, je pars à la chasse et me dirige vers une boutique érotique. Deux hommes s'y trouvent, l'un un peu plus jeune que moi, grand et bien bâti, et l'autre plus âgé, légèrement bedonnant. Je me promène entre les rayons, feuilletant les magazines pornographiques et tâtant les pénis artificiels, tout en guettant leurs regards. J'ai un peu honte, mais je me sens aussi tout excitée. Pensent-ils que je ne suis là que pour trouver un homme ? J'ai l'impression que cela se lit sur mon visage. J'ai déjà eu une expérience avec deux partenaires, et imaginer passer un moment avec ces deux inconnus m'excite encore plus. L'un d'eux finit par m'aborder, puis nous discutons de choses banales avant d'en venir au seul sujet qui m'intéresse : le sexe.

Il comprend très bien : mes mots, mais surtout mon attitude — surtout que je lui dis que je veux aussi l'autre.

Quelques minutes plus tard, je quitte la boutique avec ces deux hommes pour me rendre chez l'un d'eux et moins d'un quart d'heure après, je me trouve nue et assise sur le bord du lit, en train de les sucer. Je pense les avoir surpris de la facilité avec laquelle j'ai accepté leur invitation et par mon excitation. D'eux, je ne vois plus que leurs queues bien raides entre leurs cuisses ; je les caresse, je les suce, je les prends tour à tour entre mes seins ou je frotte leurs glands humides sur mes tétons. Je suis déchaînée, hors de moi, ma vulve trempée. L'un d'eux reste dans ma bouche, tandis que l'autre me fait étendre sur le lit et glisse sa tête entre mes jambes. Il me lèche longuement la chatte et l'anus avant d'enfoncer ses doigts dans mes deux orifices. Je me tords déjà de plaisir et j'accepte qu'ils me prennent en sandwich.

Le plus jeune s'allonge sur le lit et me guide sur lui ; ma chatte est tellement mouillée qu'il me prend sans difficulté. Derrière moi, l'autre me lubrifie avec sa salive et m'ouvre en vrillant son index et son majeur dans mon anus. Il s'introduit à son tour, par à-coups, en marquant de petits temps d'arrêt avant de s'enfoncer plus loin. Ils se mettent à bouger au même rythme alors que celui qui me baise m'embrasse et me caresse les seins, mais cette fois brutalement. Je ne cherche plus à retenir mes gémissements, mes râles de plaisir et mes supplications. L'autre m'encule avec violence. La situation dégénère. Je ne suis plus qu'une poupée de chiffon entre leurs mains et ils font fi de mes protestations et de mes refus.

Alors là, selon la façon dont je sens mon orgasme monter, j'imagine qu'ils me font subir les pires sévices. Ce n'est qu'au moment où, dans la réalité, je me sens prête à jouir qu'ils éjaculent sur moi et me maculent de sperme tant sur le visage que sur le sexe.

Le fantasme d'être violentée par une ou des femmes est aussi une variante assez commune. Souvent, on y vient après avoir expérimenté le fantasme plus simple de faire l'amour avec une femme, quand on veut ajouter un petit quelque chose de plus; cela survient souvent, étrangement, après une déception amoureuse. Bien sûr, toutes les fantaisies sont imaginables, mais le récit que j'ai retenu ici est assez évocateur de l'orientation que ce fantasme peut prendre.

J'ai vingt-sept ans et je suis hétérosexuelle, mais j'ai néanmoins une attirance non avouée pour les femmes. Brune, assez grande, j'ai un corps de petite fille. J'amplifie cet aspect en me faisant épiler le sexe – c'est ma copine homosexuelle qui non seulement m'a encouragée à le faire, mais qui prend beaucoup de plaisir à me le faire. Mon sexe n'est pas tellement poilu, mais cela n'empêche pas la douleur d'être vive. Je me suis rendu compte, au cours de ces séances d'épilation, que la douleur, justement, favorisait mes orgasmes. C'est à partir de cette situation somme toute banale que je me mets à rêver, à fantasmer sur une expérience sadomaso.

Je m'imagine avoir une adresse et un rendez-vous. Dans mon esprit, cela se passe dans une jolie maison, plutôt isolée. Trois jeunes femmes à peu près de mon âge m'accueillent. Après les présentations, nous nous embrassons, caressons avec retenue, puis nous nous déshabillons. Elles semblent apprécier mon corps de jeune fille et mon sexe nu. Ce sont vraiment de très belles femmes aux poitrines généreuses qui contrastent beaucoup avec mes seins d'adolescente, dont les aréoles sont à peine plus foncées que ma peau, mais dont les pointes se dressent fièrement. Elles me sucent longtemps les tétons, tout en me branlant jusqu'à ce que je jouisse une première fois. C'est là qu'elles m'allongent, toute soumise et nue sur une table.

Elles m'attachent, les bras, les jambes bien écartées, un coussin sous le dos et les fesses pour faire ressortir mon sexe et mes seins. Elles m'embrassent encore, puis chacune munie de sa cravache me frappe à tour de rôle. Elles commencent par mon ventre et j'ai très mal. Je demande qu'elles arrêtent, mais elles n'écoutent pas et continuent malgré mes plaintes lascives. Puis elles lacèrent voluptueusement l'intérieur de mes cuisses, mais aussi doux soit leur supplice c'est un endroit bien sensible pour être traité d'une telle façon. Elles passent à ma chatte – mais, à ce moment, la douleur ne me fait plus crier ou me plaindre, mais plutôt gémir. Je suis envahie d'une sensation de bien-être entre chaque coup.

Les trois femmes prennent leur temps, mon sexe ouvert mouille, coule. Les derniers coups me sont administrés dans le sens de ma fente et je hurle de douleur. Littéralement. Mais elles n'en ont cure. Elles poursuivent inlassablement leurs douces tortures. Je crois que mes souffrances sont terminées, mais elles en décident autrement. Elles s'en prennent à mes seins, petits et sensibles. Là, j'ai vraiment très mal. Je les supplie d'arrêter, mais elles continuent à me frapper et, tout à coup, je sens la jouissance déferler dans tout mon corps. Je jouis tellement fort et si longtemps, tout en ayant mal et sans cesser de crier.

Je rêve de jouir de cette façon – d'une manière dont je n'ai encore jamais joui. J'imagine un orgasme profond, explosif, libérateur, comme je n'en ai encore jamais connu.

Et je me vois, vraiment, comme dans un film, reprendre mes sens. Elles sont près de moi dans un grand lit où elles m'ont portée après m'avoir détachée. Elles me caressent tendrement en souriant. Je frissonne encore de plaisir, tant et si bien que, sous le simple frôlement de leurs mains, j'ai un autre orgasme.

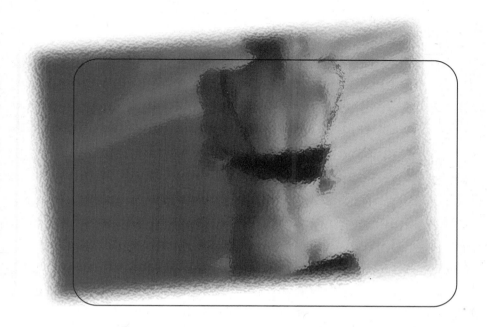

Chapitre 7

Jouer l'exhibitionniste : être vue, regardée, désirée

Vous êtes belle, sexy, provocante, et tant d'ailleurs qu'il ne peut s'empêcher de bander et de vous faire l'amour, de vous prendre. Vous laissez tomber toute responsabilité : ce n'est pas de votre faute – il vous désire tellement !

Voilà un autre des fantasmes qui apparaît parmi nos rêveries érotiques. En fait, pour être honnête, je dirais que ce fantasme est particulièrement alimenté par des femmes qui ont l'impression qu'il leur faut demander la permission pour se laisser aller. Cela dit, c'est aussi l'une de nos rêveries les plus agréables: après tout, quelle femme ne rêve pas –peu importe son apparence réelle – d'être d'une telle beauté ou d'avoir un tel charme sensuel que les hommes se mettraient à ses pieds!

Dans le même esprit, il y a ce fantasme de l'exhibitionnisme pur et simple. Nous montrer pour provoquer l'excitation chez l'autre – savoir que la seule vue de notre nudité ou de nos gestes suggestifs conduit la personne à l'orgasme. Et que cela nous mène, nous aussi, à ce même plaisir. C'est également, il faut le souligner, le fantasme que nous réalisons toutes le plus facilement.

Voici le récit d'une femme qui assume parfaitement son exhibitionnisme, même si celui-ci s'adresse tout particulièrement à ses partenaires et, j'ajouterai même, qu'il est l'exemple parfait du fantasme assumé.

> Les garçons que j'ai connus ont été très étonnés, parfois même vexés, que je me masturbe après avoir fait l'amour, mais je n'ai pas ce problème avec mon petit ami du moment.
>
> Quand je suis bien en forme et qu'il vient de me faire l'amour, je me caresse le clitoris avec sa verge encore un peu raide et, surtout, très lubrifiée, car elle est enduite de son sperme et de ma mouille, pendant de longues minutes. Je suis allongée sur le côté, une cuisse chevauchant sa hanche, et je fais aller et venir le gland, lentement, dans le sillon de ma vulve et j'exige qu'il me regarde parce que c'est là toute l'essence de mon plaisir.
>
> Je me fais en même temps mon petit cinéma secret: des hommes et des femmes, nus, me regardent me masturber, alors que je suis étendue sur une grande table bien éclairée. Je devine qu'ils se masturbent, fascinés et excités par ce que je fais. Cette exhibition imaginaire me met en transe. Je n'en parle pas à Jérémie – jaloux et toujours un peu inquiet de mes idées –, mais je me demande si, un jour, je ne finirai

pas par me montrer ouverte à tous les regards en train de m'envoyer en l'air avec un godemiché ou simplement mes doigts.

L'après-midi, quand je suis seule, je parcours un ou deux bouquins ou magazines pornos, couchée sur le divan du salon. Je mets de la musique douce et je regarde les photos, les grosses queues dans les bouches des femmes, les doigts enfoncés dans les fesses, et je mouille, je mouille. Parfois, je garde ma culotte et je me frotte le clitoris à travers le tissu. Quand le plaisir arrive, quand mon ventre se crispe, je suis toute tendue et je ferme alors les yeux sur la dernière image porno que je viens de voir. Mes doigts deviennent actifs, fébriles, et l'image enfermée sous mes paupières prend vie.

Le soir, mon petit ami me sert en quelque sorte de jouet. Je prends ses doigts et, sous son regard, les uns après les autres, je les enfonce dans mon sexe déjà inondé. Je me masturbe ainsi aussi longtemps qu'il le faut – il adore ça et ça l'excite. Comme tous les hommes, il a un côté voyeur et il l'assume fort bien. Quand je sens monter le plaisir, il entre en moi, très vite, et se lance à l'assaut à coups de reins. Même après que j'ai joui, il faut tout de même que je me caresse devant lui encore de longues, longues minutes...

Étrangement, ce fantasme de l'exhibition naît très souvent *après* les premières expériences sexuelles. Cela s'explique : jusque-là, jusqu'à cette première fois, nous avions toujours imaginé que faire l'amour, tendrement lovée entre les bras de notre amoureux, était le summum du plaisir. Puis, avec le temps, avec surtout le regard des ados devenus hommes qui se posait sur notre corps d'ado devenu aussi celui d'une femme, et après quelques peines d'amour où nous avons littéralement été «jetées», nous avons découvert que le simple fait de nous montrer dans le plus simple appareil – de nous exhiber – provoquait leur excitation. Dès lors, pourquoi ne pas en profiter?

Voici le récit d'une aventure d'une adolescente, mais qui, aujourd'hui, est le fantasme de plusieurs d'entre nous – changez l'âge, l'époque et le décor. Nous ne savions même pas notre pouvoir d'attraction !

J'ai vécu, lorsque j'avais seize ans, une expérience que je n'ai jamais pu oublier, des moments fous passés avec mon copain d'alors. J'ai aujourd'hui vingt et un ans. Lui avait à ce moment-là vingt-cinq ans. Nous flirtions depuis plusieurs jours et, à ma grande déception, il ne m'avait pas encore proposé de faire l'amour, alors que je mourais d'envie de le faire. Un après-midi, alors que nous nous embrassions et qu'il caressait mes seins au travers de mon t-shirt, il m'a proposé d'aller plus loin.

À mon grand étonnement, il m'a demandé si je voulais bien me caresser pour lui, là, maintenant. Même après plusieurs années, je n'arrive pas à oublier l'effet que cela m'a fait. J'étais horriblement gênée et, en même temps, excitée par sa proposition. Je me suis relevée et me suis déshabillée totalement. À son souhait, je me suis accroupie sur le sol, appuyée contre le mur, et je me suis écarté les jambes, lui offrant ainsi le spectacle de mon intimité. J'ai fermé les yeux, confuse mais ravie. Les pointes de mes seins étaient dures. Ma main droite a descendu sur mon ventre, s'est attardée sur mes hanches et, peu à peu, a glissé entre mes cuisses. Jamais je n'avais autant mouillé. De l'index, j'ai joué avec mon clitoris, puis avec mes lèvres, et je l'ai enfoncé dans mon vagin. Mon majeur est venu alors le rejoindre. J'ai fermé les yeux en me masturbant pour lui faire plaisir, et lorsque je les ai ouverts, je l'ai vu en train de se caresser lui aussi, les yeux fixés sur le spectacle que je lui offrais. Sa verge était belle et m'a semblé très dure. Il s'est levé et approché de moi, et il a mis sa bite à quelques centimètres de mon visage, en continuant à se masturber.

Glissant ma langue sur mes lèvres, je lui ai fait comprendre que je voulais le sucer. Sa verge dans la bouche, j'ai continué à me branler de la main gauche. Son sexe énorme avait une bonne odeur. Sentant la jouissance venir, il s'est retiré d'entre mes lèvres et s'est branlé devant moi. Soudain, j'ai reçu plusieurs giclées chaudes sur le visage.

J'ai eu alors mon premier véritable orgasme. Il m'a relevée, m'a conduite sur le lit et m'a fait l'amour. J'ai eu un autre orgasme, différent. À partir de ce jour et tout le temps que nous avons été ensemble, j'ai pris l'habitude de me masturber pour que notre excitation soit à son comble avant de faire l'amour comme des fous.

Soyons honnêtes, nous n'avons pas toutes eu la chance de découvrir le plaisir de l'exhibitionnisme jeunes – ados, les gars pensaient plus à nous sauter dessus qu'à nous regarder. Mais peut-être pas non plus. Peut-être, contrairement au récit précédent, ils n'osaient pas nous demander de nous exhiber. Certains l'ont demandé plus tard...

Le fantasme de mon mari a toujours été de me regarder en train de me masturber. L'idée m'excitait en esprit, mais j'étais un peu réticente au fait de passer à l'acte, je ne sais pas pourquoi, sans doute en raison d'un vieux fond d'éducation catholique. Bien sûr, nous avions déjà fait l'amour les lumières allumées et même à l'extérieur, sur une plage par exemple. Il m'avait vue nue, sous la douche, dans la maison également, et je n'en étais pas gênée. Toutefois, m'exhiber sexuellement, me caresser devant et pour lui, c'est ce qui me posait un problème.

Un soir, alors que nous regardions la télé, nous en avons discuté une nouvelle fois. Puis, juste le fait de parler de sexe l'a excité, comme je m'en doutais ; il a commencé à m'embrasser. Le visage d'abord, le cou, la bouche, tout en me caressant les cheveux. Puis ses caresses se sont faites de plus en plus érotiques. D'un coup, allez savoir pourquoi, je me suis dit qu'il nous fallait concrétiser ce fantasme. J'allais faire fi de mes pudeurs ! Je lui ai dit que je me branlerais pour et devant lui. Sa langue s'est alors dirigée vers mon entrejambe et a entamé un va-et-vient frénétique sur mon clitoris, mes lèvres et même dans mon vagin. Inutile de vous dire que j'étais dans tous mes états. J'ai doucement pris sa tête dans mes mains, lui ai demandé de reculer un peu et me suis mise à me caresser doucement la chatte. Je me suis introduit un, puis deux doigts, et tout en les faisant aller et venir en moi, je me suis massé vigoureusement le clitoris. Mon mari avait les yeux rivés sur le spectacle que je lui offrais. Je le sentais fou d'excitation. Cela a duré quinze, vingt, trente minutes, je ne sais pas, je ne sais plus. Je sais que j'ai joui plusieurs fois.

Au bout d'un moment, satisfait de ce qu'il voyait, que je me débrouillais fort bien tant je jouissais fort, il est venu se joindre à moi en m'aidant de sa langue et de ses mains, tandis que je continuais d'en faire autant. La jouissance a été bientôt telle que mon vagin s'est contracté furieusement, tout en laissant couler sur le visage de mon mari une quantité impressionnante de cyprine, qu'il a bue avec une délectation non dissimulée.

N'y tenant plus, il m'a pénétrée, ce qui a été pour moi l'occasion de jouir encore en me laissant totalement aller. Nous ne formions plus qu'un. Dans une déferlante de jouissance, j'ai senti son sexe à l'intérieur de moi qui s'accélérait de plus en plus. Tandis que dans un râle de plaisir incontrôlé mon mari a déversé son sperme par saccades sur ma matrice, de mes yeux ont coulé des larmes de joie que je n'ai pu retenir. C'était la première fois qu'il m'arrivait cela. Ainsi, il était effectivement possible de ressentir un bonheur si intense au cours d'un acte sexuel que l'on pouvait en pleurer de joie !

Ici, le fantasme est le même et met toujours en scène le couple. Mais, et c'est souvent le fait d'être amoureux, ni l'un ni l'autre n'osent plus, ni lui ni nous, dire qu'ils aimeraient sortir de leur routine, connaître le plaisir d'une autre façon. Nous, nous montrer crûment et lui, nous regarder.

Le fantasme qui suit, qui a été réalisé, est une suite d'événements. Lui et elle ont le même fantasme, mais ils ne l'expriment pas. Et le jour où ils le font, ils en tirent plaisir l'un et l'autre. Et pourquoi cela ne nous arriverait pas à nous ?

Mon mari et moi sommes mariés depuis trois ans et nous nous entendons parfaitement bien. J'avais divorcé deux ans auparavant d'un homme qui me faisait de plus en plus de reproches sur mon corps – certes, je n'ai rien d'une pin-up, mais j'attire encore néanmoins le regard des hommes. Cela dit, mon mari est passionné de photographie – presque tout l'argent de ses loisirs va d'ailleurs dans l'achat de matériel. Pendant longtemps, il s'est consacré surtout à photographier des paysages.

Il a en outre gagné de nombreux concours amateurs. Plusieurs fois il m'avait dit son envie de changer de thème, et pourquoi pas de faire des photos de nu. L'idée lui était venue en feuilletant un numéro « spécial amateurs » d'un magazine qui avait publié une photo prise par lui. Mais il hésitait, car ça coûtait assez cher de payer des modèles pour des séances et, de mon côté, je n'osais pas lui dire que je pouvais lui servir de modèle. Lui-même, comme il me l'a appris par la suite, avait eu envie de me faire poser, mais il ne m'avait rien dit, ayant eu peur que cela me choque.

Et puis, un jour, ça a été le déclic (si j'ose dire !). C'était un dimanche matin. Je venais de sortir du lit, entièrement nue, et m'apprêtais à mettre un peignoir quand il m'a dit : « Reste comme ça, toute nue ! Tu me donnes des envies ! » J'ai aussitôt pensé qu'il voulait faire l'amour, comme c'est souvent le cas lorsque nous pouvons faire la grasse matinée. Mais non ! Il a simplement ajouté : « Reviens au lit. Je vais faire quelques photos ! » En fait, j'ai été à peine surprise, connaissant sa passion. Mais surtout, j'étais flattée de lui servir de modèle. Quel bonheur pour une femme de voir son mari la considérer comme une vedette qu'on s'empresse de prendre en photo sous toutes les coutures ! Cette première séance a été assez sage, si j'ose dire ; il s'est contenté de me photographier d'abord debout, puis allongée sur le ventre ou sur le dos.

Les jours suivants, j'ai été émoustillée en pensant à mon exhibition. Ce qui m'a surtout excitée, ça a été d'attendre qu'il développe ses photos (à l'ancienne, il ne veut toujours rien savoir du numérique). Son air gêné m'a particulièrement amusée – il imaginait sans doute difficilement que sa femme puisse prendre plaisir à se montrer de façon impudique. Mais le soir, j'ai étalé toutes les photos sur la table basse du salon. J'étais fière de m'être exhibée comme ça à mon mari et qu'il en garde la trace. Heureuse aussi de découvrir mon corps de cette façon : je les ai regardées longuement en me caressant. Avec tout le talent qui était le sien, il avait merveilleusement rendu hommage à mon corps. Ça me donnait drôlement l'envie de recommencer, dans des poses plus audacieuses !

Comme toutes les semaines, il doit partir, car son métier de représentant l'oblige à voyager. J'ai donc décidé de lui faire une petite surprise pour son retour, le vendredi. Ce jour-là, j'ai pris l'après-midi de congé et je suis allée faire quelques courses et, surtout, je suis entrée dans une boutique érotique. Conseillée par une vendeuse, j'ai acheté des dessous noirs : bas, porte-jarretelles, guêpière et très léger soutien-gorge. Toute la panoplie, quoi, qui attire tellement les hommes ! En fait, dans mon cas, c'était uniquement pour plaire à mon mari ! C'était une petite folie pour mes finances, mais je voulais avant tout que mon mari soit heureux de me voir comme ça et que ça lui donne envie de recommencer...

Rentrée à notre appartement, je me suis préparée, un peu fébrile, en attendant le retour de mon homme. Dès qu'il est arrivé, je lui ai servi un apéritif, comme il aime bien en prendre un à la fin de sa semaine de travail. Puis, debout devant lui, j'ai commencé un lent strip-tease. Ma jupe et mon chemisier retirés, il a pu découvrir les dessous que j'avais achetés. J'ai été m'allonger sur le canapé, dans une pose aguichante. Je n'ai pas eu besoin de lui dire ce que j'attendais, car il l'a tout de suite compris. Sans avoir fini son dry martini, il est allé chercher son matériel photo. Il a installé son appareil sur un trépied pendant que j'enlevais mon soutien-gorge. « Tu es magnifique ! » m'a-t-il dit en commençant à me photographier. Pensant à mes lunettes, j'ai soudain jugé qu'elles devaient jurer avec le reste de mon allure. Quand je lui ai proposé de les enlever, il m'a répondu : « Non ! Tu es encore plus attirante comme ça ! »

J'imaginais en effet aisément le contraste entre l'impudeur de ma tenue et mes lunettes qui me donnaient l'air d'une sage institutrice ! Qui plus est, j'étais flattée qu'il me trouve belle sans artifices. Sans gêne, j'ai commencé à me caresser les seins, puis la chatte, une main glissée dans ma petite culotte. J'éprouvais un plaisir incroyable, tout proche de l'orgasme, à m'offrir à son regard et, surtout, à l'objectif dirigé vers moi comme un très gros sexe masculin. Le plaisir, en particulier, d'être honorée de cette manière par mon mari, comme une vedette ou un mannequin qui exhibe ses charmes sous le crépitement des appareils photo.

Suivant ses directives, ou de ma propre initiative, j'ai pris des postures de plus en plus impudiques : à quatre pattes, accroupie les cuisses bien écartées, allongée à nouveau sur le dos, les jambes grandes ouvertes et repliées. J'ai promené mes doigts sur tout mon corps, en insistant sur ma poitrine et sur mon sexe, comme une femme prête à s'abandonner au désir de son partenaire – et comme toutes celles que j'avais vues, en photos, dans un magazine érotique qu'il avait acheté un jour.

Avec un autre appareil, il s'est approché pour faire des gros plans de ma chatte mouillée sous sa toison foncée. En me prenant en photo de cette manière, j'avais littéralement l'impression qu'il me prenait en me caressant avec ses yeux cachés derrière la caméra. Oui ! C'était comme s'il me faisait l'amour ! J'ai bientôt été entièrement nue. Je me suis arrêtée quelques instants pour enfiler des bas noirs à jarretières. Puis, nous avons continué la séance.

Pour changer un peu, j'ai pris des poses moins impudiques, mais tout aussi érotiques. Un peu comme les vedettes qui se font photographier dans des positions suggestives, mais sans être vulgaires. Quand nous avons arrêté, j'étais presque aussi fatiguée que si nous avions fait l'amour ! Et dès le lendemain, nous avons recommencé. Il a mis plusieurs photos sous un grand sous-verre, dans notre chambre ; et chaque soir, quand il n'est pas là, je ressens un plaisir intense à les regarder avant de m'endormir.

Depuis cette séance, tous les week-ends, je pose pour lui. Pendant la semaine, j'attends son retour avec plus d'impatience encore qu'avant. Je travaille à mi-temps dans un supermarché, et j'imagine la tête que feraient mes collègues si elles apprenaient quels sont mes plaisirs du week-end ! « Quoi, elle, avec ses lunettes et son allure un peu dépassée, elle joue au modèle pour son mari ! Non, on n'y croit pas ! »

Chaque fois, selon ses envies ou les miennes, nous varions les mises en scène. La dernière fois, par exemple, il m'a photographiée après m'avoir ligoté les chevilles et les poignets avec des bas. Je dois vous dire que je suis déjà très émue de penser que pour la première fois je partage ce fantasme secret que nous avons réalisé.

Ce «scénario réalité» est probablement l'un des plus élaborés dans ce chapitre, mais je crois qu'il avait sa place. Cela ne signifie pas pour autant qu'il est *le* scénario de référence pour les couples. Non, quand on parle de fantasme, il faut savoir que tout est permis, et pas seulement dans l'intimité de la chambre à coucher. Simplement, il faut savoir que certains, comme ce fantasme d'exhibitionnisme, sont plus faciles à réaliser que d'autres, parce qu'ils sont moins culpabilisants.

Il s'agit d'une femme qui réalise son fantasme avec un ex – remarquez combien les fantasmes sont poussés plus loin quand nous ne sommes pas avec un conjoint ou un mari...

Essayez de comprendre, la pudeur peut-être?

Un après-midi de semaine, avec un de mes ex, nous avons décidé d'aller au cinéma. C'était un film qui était sorti depuis quelques semaines. Arrivés dans la salle, nous nous sommes rendu compte qu'il n'y avait que deux personnes dans la salle. J'étais habillée très simplement: jean, t-shirt, pull, mais sous-vêtements en dentelle! Ce n'est pas parce que je ne suis plus avec lui que je n'ai pas d'idées. Comme d'habitude, on s'assoit au dernier rang, bien tranquillement. Quand le film commence, je suis dans ses bras. Puis, comme l'action laisse à désirer à l'écran, on commence à s'embrasser, et avec fougue – rien ne nous dérange, d'autant que les deux autres spectateurs sont assis une dizaine de rangs devant nous. Mon ex me caresse les seins à travers mes vêtements; mes tétons durcissent et je commence à être un peu excitée. J'enlève mon pull, car j'ai chaud. Je caresse le pantalon de mon ex et je sens son sexe qui grossit, ce qui m'excite encore plus. Il continue ses caresses et passe une main sous mon t-shirt – j'ai su plus tard que le fait de sentir mes tétons grossir et la dentelle de mon soutien-gorge l'émoustillait encore plus.

Me voilà maintenant le t-shirt complètement relevé au-dessus de mes seins, en soutien-gorge, en nous embrassant : cette situation me donne des frissons. Il est temps que je m'occupe de son sexe que je sens tendu. Je déboutonne son jean et je baisse son caleçon. Il ne me faut pas attendre longtemps pour voir sa queue sortir d'un seul coup, bien droite. Je le branle tout doucement, en caressant son gland et toute la longueur de son sexe. De son côté, il baisse les bretelles de mon soutien-gorge. Je sens sa paume légèrement humide sur mon sein droit. Que c'est agréable ! Puis – voilà le genre d'attitude qui me fait craquer ! –, il me caresse les cheveux. Toutefois, je le vois venir, je prends donc les devants : je me baisse sous le dossier du banc de devant et avale son sexe, tout en commençant mon va-et-vient. Je l'entends gémir. Au bout de deux ou trois minutes, je sens qu'il va éjaculer. Je me rassois, on s'embrasse et il reprend ses caresses sur mes seins, avec une main ; avec la seconde, il déboutonne mon jean. Je me soulève un peu pour l'aider à le baisser.

J'ai un peu honte, mais je suis tellement excitée par le fait de savoir que quelqu'un peut arriver, que quelqu'un peut nous voir... Il glisse sa main dans ma culotte et découvre mon sexe déjà trempé ; il enfonce un doigt entre mes lèvres. Je n'en peux plus et je décide de retirer mon jean et ma culotte. On se branle mutuellement : ma main monte et descend sur sa queue, pendant qu'il me doigte de plus en plus vite. Je sens que je vais jouir, alors je l'embrasse. J'arrête de le masturber car je jouis, je pousse de petits gémissements, c'est trop bon.

Après m'être calmée un peu, je me mets sur lui – les autres cinéphiles gardent leurs yeux rivés à l'écran, le film ne devant pas être aussi mauvais que je l'imaginais – et je sens sa queue me pénétrer. Il me caresse les seins et me laisse choisir la vitesse que je souhaite. J'accélère donc mon rythme et, en moins d'une minute, nous jouissons ensemble. Son sperme m'envahit ; pour éviter nos soupirs et nos gémissements trop révélateurs, nos bouches se collent et nos langues s'entremêlent. Je me retire et on se rhabille rapidement. Je sens son sperme qui redescend dans ma culotte, c'est chaud et agréable.

Avec l'avènement d'Internet, le fantasme de l'exhibitionnisme a pris une tout autre dimension. Plus besoin de se montrer nue «en vrai» devant son partenaire, il suffit juste d'être soi-même devant l'ordinateur quand son partenaire est ailleurs.

Qu'on s'entende, il y a beaucoup plus à faire sur ou à partir du Web, mais je tiens ici pour acquis – vous avez acheté ce livre, *un livre* – que nous aimons encore la notion de «contact», même avec (ou surtout avec) du papier. Il y a de la texture, de l'odeur, le froissement des pages. OK, vous et moi sommes branchées sur Internet, mais il y manque cette notion de toucher.

Cela dit, Internet n'est pas sans intérêt, surtout lorsque notre partenaire se trouve ailleurs. Là, on peut être licencieuse, vicieuse. C'est ce qui se passe dans ce récit. Et, on le voit clairement, c'est le genre de fantasme qu'on réalise sans trop d'hésitations.

J'étais vraiment éprise de ce type. Lorsqu'il m'a annoncé qu'il partait poursuivre ses études en Californie, cela m'a vraiment chagrinée. Pour communiquer, il y avait les courriels, mais sa présence me manquait. Aussi, c'est à son initiative que je me suis équipée d'une webcaméra. L'installer a été relativement facile et quand je l'ai vu sur l'écran de mon ordinateur, j'ai ressenti de la moiteur entre mes cuisses. J'avais envie de lui, hélas! il était trop loin! Quelques larmes se sont mises à couler, mais il m'a rassurée. Il a souri en me disant: «Tu sais, on peut se donner du plaisir autrement. Ça te dirait que nous nous fassions plaisir par caméras interposées?» J'étais un peu gênée, mais j'avais si envie de lui que j'ai acquiescé.

Me voilà donc retirant mon t-shirt et dégrafant mon soutien-gorge. J'ai déballé mes petits seins, privés depuis trop longtemps de caresses, dont les tétons bien sombres étaient déjà durs. «Tu ne voudrais pas te caresser un peu la poitrine?» me demande-t-il. Je devais être rouge comme une pivoine, mais j'ai accepté, soupesant chaque sein, faisant passer ma main dessous, éprouvant peu à peu un trouble très agréable. Je voyais son visage, puis après quelques manipulations de sa caméra, son corps entier. Il a dirigé l'objectif vers sa braguette. Philippe avait sorti sa queue. Et je l'ai retrouvée, bien épaisse, avec son gland violacé et humide. « Regarde, je me touche moi aussi... Tu sais, j'aimerais beaucoup que tu viennes au-dessus de moi... J'adore quand tu viens t'asseoir sur ma bite, quand celle-ci s'enfonce dans ta fente trempée... » Les phrases faisaient leur effet, surtout qu'il gardait la caméra en gros plan sur sa queue qui avait doublé de volume.

À mon tour, j'ai manœuvré la caméra pour l'orienter de façon qu'il puisse mieux suivre ce que j'allais faire. Je me suis lentement débarrassée de ma jupe et de mon slip. Il a vu mon sexe dont j'avais soigneusement taillé la toison en forme de cœur, ainsi qu'il aime. Il a tressailli et s'est branlé en quelques mouvements précipités. J'ai vu son imposant gland qui jaillissait de sa paume, telle une tête de champignon, et j'ai ressenti une terrible envie de le sentir dans mon ventre. Je le lui ai dit d'une voix tremblotante et il m'a répondu que je pouvais me masturber moi aussi et m'enfoncer dans la chatte le vibrateur que nous avions acheté quelques mois auparavant et dont nous ne nous étions servis qu'une seule fois. J'ai un peu hésité, mais j'avais trop envie... Aussi ai-je disparu quelques instants du champ de la caméra afin d'aller chercher l'engin.

En revenant, j'ai suivi les indications qu'il m'a données. « Assieds-toi bien au fond du fauteuil, face à l'écran et à la caméra. Mets tes jambes de chaque côté des accoudoirs. Oui, c'est bien comme ça... » J'ai constaté qu'ainsi installée, en utilisant ma télécommande, je pouvais zoomer sur ma fente ou sur ma main tenant le vibrateur. J'ai commencé par le passer plusieurs fois sur mes seins, avant de le porter à ma bouche et de le lécher pour l'enduire de salive. « Pas la peine d'en rajouter, me dit-il. Je suis sûr que tu ruisselles... » Il ne se trompait pas. J'ai glissé l'extrémité du vibrateur à l'entrée de ma chatte et il s'est enfoncé seul tout doucement. « Ne bouge pas trop, m'a-t-il lancé, je ne vois plus rien... » De fait, j'ai réalisé qu'en m'enfilant le vibrateur, j'avais changé l'angle de vue et que plus rien n'apparaissait à l'écran. Je l'ai replacé correctement et j'ai continué d'enfoncer avec lenteur l'objet tout lisse entre mes lèvres. C'était délicieux ! C'était presque comme s'il me prenait avec sa vraie queue.

En jetant un coup d'œil à l'écran, je l'ai vu se caresser avec vigueur. J'ai continué à me masturber avec le vibrateur, puis je l'ai retiré de ma chatte pour le porter à mes lèvres. J'ai goûté la mouille qui le recouvrait. En me voyant ainsi agir, il a sursauté et n'a pu se retenir davantage. Il a alors éjaculé, arrosant son pantalon baissé sur ses genoux, pendant que j'entrais une nouvelle fois le vibrateur dans ma chatte. Cette fois, j'ai joui moi aussi, en frissonnant et en poussant de petits cris.

Enfin, il y a l'exemple du fantasme pur et simple de l'exhibitionnisme. S'exhiber, se montrer, juste pour le plaisir d'être vue. Par un homme. Mais ça peut aussi être par une femme. C'est d'ailleurs le récit que j'ai retenu parce que dans tous les exemples précédents il n'y a eu que des hommes mis en scène. Soyons donc audacieuses – et si vous préférez, transformez la voisine de ce récit en voisin...

Cela dit, tout à fait entre nous, de par l'absence de détails de la femme qui me l'a envoyé, comme par l'ambiguïté des mots, je ne peux vous dire si c'est simplement un fantasme ou un fantasme réalisé.

Le soleil semble redoubler d'ardeur, et ma peau, toute couverte de petites perles de transpiration, est à nouveau brûlante. Je ne vais plus pouvoir tenir bien longtemps ! Je me suis mise à regretter l'absence de ma coloc, retenue à l'extérieur de la ville en raison de ses activités professionnelles, lesquelles rognaient trop souvent les week-ends ou les jours de congé parce que, sans elle, je n'avais pas vraiment l'esprit à la fête. Ah, si elle avait été là... je ne serais pas là à dorer au soleil par un bel après-midi d'été !

Je me laisse aller à imaginer sa main posée sur la mienne, discrètement. Puis le doux regard que nous échangerions en cet instant même, la montée du désir que nous aurions lu dans nos prunelles déjà avides – non pas vis-à-vis de nous, mais vis-à-vis des types que nous séduirions. Toute à ma rêverie, je sens s'éveiller le doux pétillement du plaisir dans mon ventre ; il va falloir que je me calme, car je commence à m'exciter pour de bon ! J'entrouvre les yeux et jette un bref regard vers la petite table sur laquelle sont posés verre et bouteille. Vides ! Plus une goutte de jus de pamplemousse. Bon ! Je m'accorde deux minutes avant de rentrer me mettre au frais. Le temps de penser encore un peu aux rencontres que nous faisons ensemble, aux mains de ces hommes sur mon corps, me parcourant toute, griffant mes cuisses de leurs ongles, pétrissant mes seins déjà implorants, me léchant...

Tiens ! Et si elle est à son balcon ? songeai-je tout à coup. J'entrouvre une paupière prudente afin de m'en assurer. Eh oui, merveilleux hasard, elle est bien là, papillonnant au milieu de ses géraniums reconnaissants de ses bons soins. Me croyant assoupie, elle n'essaie même pas de se donner une quelconque contenance et, à travers le filtre de mes cils, je vois bien qu'elle m'observe scrupuleusement. J'en ressens une certaine fierté. Bâtie comme elle l'est, cette belle femme ne doit pas éprouver de difficultés à se trouver un amant, mais elle ne dédaigne pas regarder les filles. Je me demande d'ailleurs si nous n'avons pas affaire à une lesbienne, car la manière dont elle me regarde laisse peu de doute sur la question. À moins qu'il ne s'agisse d'une de ces nombreuses hétéros soudain très désireuses de tenter l'expérience qui consiste à faire l'amour, une fois en passant – une seule fois, bien entendu ! – avec une femme.

Passablement excitée par cette brève évocation, je décide, sur un coup de tête, d'épater quelque peu ma voyeuse – notre voisine du troisième. En faisant semblant de m'être assoupie, je commence par m'étirer de tout mon long, comme au réveil, prenant tout mon temps, me cambrant au maximum, bombant la poitrine et creusant le bassin, les coudes relevés, poings aux oreilles. Par inadvertance, j'écarte les cuisses. Vu sa taille, mon bikini ne dissimule pas grand-chose et je m'amuse à imaginer la réaction de la femme. Me relâchant, j'entrouvre à nouveau les paupières et je manque d'éclater de rire en constatant le trouble, bien tangible, de ma voyeuse : hébétée, la bouche ouverte comme sur un « oh ! » suspendu et figé, les yeux écarquillés, elle serre les cuisses comme prise d'une envie irrépressible. Je fais mine de l'ignorer, me redresse vivement et pénètre dans le salon tout baigné de soleil. Je prends bien garde de laisser les rideaux ouverts, sachant que la dame peut ainsi poursuivre tranquillement son observation. Elle voulait voir ? Elle allait voir !

Je me retire d'abord quelques instants à la cuisine pour me remplir un grand verre de jus de pamplemousse, j'en ai besoin. Lorsque je reviens dans le salon, elle est toujours là, et cette fois je ne doute plus qu'elle m'observe. Je m'allonge sur le divan et me mets presque aussitôt à me caresser. La chose est d'autant plus aisée que pétille encore en mon ventre l'excitation que j'avais si bien amorcée en évoquant ma tendre Sophie. Le divan est disposé de telle sorte que, de là où elle se trouve, la femme ne doit rien perdre de mes mouvements : je me suis placée face à elle, pile dans l'axe. Après m'être débarrassée de mon bikini, je me mets à caresser mon corps avec une lenteur calculée, ondoyant, me tortillant, sans avoir à feindre, tant l'excitation me gagne, alimentée aussi bien par les souvenirs des récentes caresses de mes amants que par le regard de la femme que je devine rivé à mes formes. Les cuisses à présent bien écartées, je pose les mains, en serres d'oiseau, sur mes genoux, et remonte vers ma vulve en me griffant la chair. Je frissonne de plaisir. Je me mets ensuite à me pétrir les seins en grands mouvements circulaires, puis à m'étirer les bouts en geignant ; mon bassin amorce sa danse lascive. Je reviens à ma vulve et, m'emparant de mes lèvres, je les étire en les écartant pour bien exhiber mon entrée rose, déjà toute perlée, à la femme en haut qui... au fait, c'est vrai, où en est-elle ? Je l'avais presque oubliée tant le plaisir s'était emparé de mon esprit.

J'ai failli crier de surprise au vu de deux gros cercles noirs qui masquent les yeux de la dame. Elle m'observe à la jumelle, cette salope ! Sans vergogne et... oh, non ! mais... je rêve ! Elle tient sa paire de jumelles d'une seule main, l'autre étant occupée à je-ne-sais-quoi, bloquée par les géraniums. Je suis désormais convaincue qu'elle me fixe la chatte. Oh, et puis zut ! qu'elle en profite, tiens ! D'autant que la situation commence vraiment à m'exciter ! Attends, ma salope, me dis-je intérieurement, je vais te faire voir quelque chose ! Je me lève d'un petit bond, disparais dans la cuisine et en reviens quelques instants plus tard munie d'un gros cube de glace encore fumant et qui me colle un peu aux doigts. Je m'étends à nouveau sur le divan et entreprends de me passer le cube sur les lèvres. Il se forme aussitôt un petit filet d'eau glacée que je laisse descendre le long de mon cou, ce qui me procure une délicieuse sensation de fraîcheur. Me cambrant, je me mets à promener le glaçon fondant sur les pointes de mes seins qui réagissent aussitôt en se dressant encore davantage, galvanisés par le froid. Je promène ensuite le glaçon sur ma poitrine qui frissonne de plaisir et qui provoque ce délectable fourmillement que j'apprécie tant.

Observant toujours les réactions de ma voisine, je laisse ensuite descendre ce qui reste du glaçon vers mon nombril, puis sur ma vulve que je me mets à parcourir en un geste ample et ralenti. Je titille l'entrée de mon vagin qui se contracte sous la délicieuse agression du froid. « Allez, viens, ma salope, regarde-moi bien, contemple ma chatte toute mouillée, regarde bien ce sexe qui ruisselle, qui va bientôt… », monologuai-je. Lui offrirais-je le spectacle d'un orgasme ? Je… à vrai dire, je ne crois pas que j'aie encore le choix ! Oh ! que c'est bon ! Je… regarde bien, remplis-toi les yeux, tu vas voir comment je… Délaissant le glaçon qui, réduit à une larme mourante et tiède, achève sa course sur le haut de ma cuisse, j'entreprends de me masturber résolument, écartant les cuisses à l'équerre, me pétrissant un sein et me labourant l'entrée du vagin au moyen de deux, puis de trois doigts.

Le plaisir monte en vagues successives, me faisant bourdonner les tempes. Le souffle court, les joues en feu, je me contiens à grand-peine : mon bassin tressaute de plus en plus fort, ma tête roule de droite à gauche, je ne peux réprimer de petits gémissements de plaisir, la vague monte, s'élargissant, je m'affole. « Oh ! que c'est bon ! » me murmurai-je à voix basse.

Je me laisse revenir un peu, différant l'orgasme qui s'annonce majeur. Je savoure la plénitude de mon plaisir qui semble rouler au fond de moi un long moment pour repartir de plus belle. Je me mets à serrer et à desserrer les cuisses, excitée comme une puce. Le divan couine comiquement, mes halètements lui faisant écho. Je ne vais plus tenir bien longtemps ! Retirant soudain mes doigts de mon antre ruisselant, je les porte à ma bouche et, fixant résolument ma voisine qui doit me voir en gros plan, je suce lentement et longuement mes doigts trempés, me délectant du goût de mon jus, achevant ainsi de m'affoler sous son regard qui contribue largement à mon excitation.

Répondant enfin à l'appel impérieux de mon sexe enflammé, je tapote mon mont de Vénus, titille un moment mon clitoris qui me semble émettre des ondes électriques qui se répandent dans tout mon corps ; puis, n'y tenant plus, je replonge quatre doigts dans mon vagin et me mets à me branler sauvagement. Quelques spasmes m'ébranlent aussitôt, je me laisse enfin aller, et l'orgasme survient presque immédiatement, ravageur, engloutissant, délicieux.

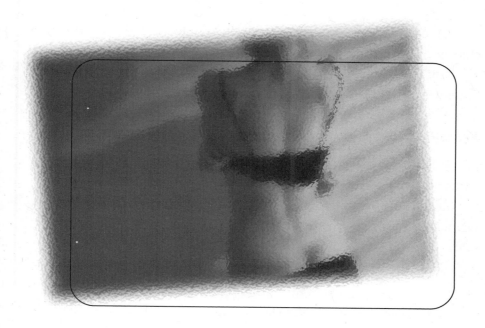

CHAPITRE 8

Être une prostituée

Le fantasme de la prostituée n'est pas quelque chose d'exceptionnel chez les femmes, et disons-le, plus particulièrement encore chez les femmes peu expressives, dans la vie réelle, sur le plan sexuel. Dans ce fantasme, elles et nous, parce qu'elles ne sont quand même pas les seules à l'imaginer, pouvons vraiment être nous-mêmes, au-delà de ce que les autres pensent de nous. Le sexe, nous en rêvons, mais nous ne l'exprimons pas dans notre vie; aussi, sur le plan du fantasme, nous devons nous donner à fond, puisque nous sommes payées pour ça. C'est du sexe à vendre, hors de toute implication émotive ou amoureuse. Que les hommes paient pour faire l'amour avec nous, cela nous rassure en quelque sorte sur notre pouvoir de séduction et notre charme : nous avons quelque chose que les hommes désirent tellement qu'ils sont prêts à payer pour l'obtenir. Faire un strip-tease est l'une des variantes de ce fantasme : vous faites durer le plaisir ; les hommes vous veulent tellement qu'ils sont fous de votre corps et sont prêts à tout pour en jouir !

Ce fantasme présente une large gamme de possibilités. Ici, je n'en garde que trois, mais chacun assez élaboré : la pute par amour, la pute par obligation et la pute par désir. Attention ! Tout cela n'est que fantasme. Mais est-ce que je le crois vraiment ? Et si chacun d'eux était vrai ?

Vécu ou rêvé celui que je vous présente d'abord, on ne le sait pas vraiment. Mais, tout à fait entre nous, parce que je connais la femme qui me l'a envoyé, c'est un fantasme simplement raconté comme une histoire vraie.

Je suis très curieuse et j'ai toujours été très intriguée par la prostitution. Quel rapport pouvait bien s'établir entre le client et sa pute ? Y avait-il du désir ? Le plaisir était-il toujours à sens unique ? Il m'arrivait souvent de me promener, particulièrement dans les alentours de l'avenue Saint-Laurent, pour observer les prostituées : bien sûr, certaines sont affreusement vulgaires, mais d'autres ne manquent pas de charme.

Un jour, j'ai décidé de passer de l'exercice intellectuel auquel je me livrais à la pratique : moi aussi, j'allais essayer d'être une pute, au moins une fois dans ma vie. J'y ai pensé toute la journée. Le soir, je me suis dit qu'il ne fallait pas que je recule car je le regretterais toute ma vie. Dans un état d'excitation mêlé de crainte, le ventre serré, je me suis préparée. Tenue sage, mais jupe courte et porte-jarretelles. Le taxi m'a déposée angle Saint-Laurent et Sainte-Catherine. J'ai commencé par arpenter de long en large la rue. Je n'ai pas fait cent mètres qu'une voiture ralentit à ma hauteur et par la vitre baissée, le conducteur, un homme jeune, me demande : « Combien ? » Je me mets à trembler et je bredouille : « Vous faites erreur. » La voiture s'éloigne ; je me traite intérieurement de lâche. J'ai eu peur, d'autant plus que les «professionnelles» que je croise me dévisagent d'une façon pas du tout sympathique.

J'allume une autre cigarette. Un homme s'arrête sur le trottoir et me demande du feu. Je ne lui ai pas encore tendu mon briquet qu'il me dit: «Tu viens? Si tu ne me fais pas mettre de capote, je te donne cent dollars.» Le «d'accord» est sorti de ma bouche sans que je réfléchisse. Je suis extrêmement troublée. Déjà, l'homme me demande: «On va où?» Il me prend de court. Je bredouille lamentablement: «À l'hôtel», et j'entre dans le premier qui se présente. L'homme glisse cinquante dollars au gérant qui lui tend une clé. J'entends l'homme dans mon dos, allais-je arriver à monter les deux étages?

La porte s'ouvre sur une chambre classique et triste. Un réflexe, je coupe le plafonnier, j'allume une lampe de chevet et je me retourne pour vraiment regarder mon «client». Il est grand, ni beau ni laid, genre célibataire esseulé. Il me regarde, je baisse les yeux. Visiblement, il attend que je commence. Moment d'angoisse intense, envie de fuir, de me retrouver chez moi dans mon lit. Mais je prends mon courage à deux mains. Sans le regarder, je me déshabille, ce qui provoque chez lui un sifflement admiratif. Ça me fait du bien. Il est toujours debout, il m'observe. Se doute-t-il que je ne suis qu'une débutante? Je me mets à trembler. Je regrette ma décision; je ne veux plus essayer.

Mais l'homme est là, il me regarde et attend. Il me tend cinq billets de vingt dollars. Je ne réagis pas. Il est étonné; il pose les billets sans rien dire sur la table de nuit. Maintenant, le voilà qui se déshabille. Je veux partir, mais je ne bouge pas, je suis pétrifiée, debout près du lit. Puis je retire maladroitement mes vêtements. Je sens aussitôt son bras me saisir par la hanche et m'attirer sur le lit. Je ferme les yeux. Sur mon ventre, son sexe dur se frotte doucement. Il va me prendre. Je veux qu'il en finisse au plus vite. Mes doigts saisissent sa lourde queue et lui montrent le chemin. Je le sens qui me pénètre. Dans un réflexe, j'écarte un peu plus les jambes. Il s'enfonce profondément en moi. Son corps se rythme, et plus il bouge, plus je me détends. Je me serre contre lui. Sa queue est longue et vient buter au fond de mon vagin qui est maintenant trempé. Le plaisir commence à monter. J'ai honte : je ne vais quand même pas jouir si vite avec un homme que je ne connais pas !

Mais il continue, il me caresse les cuisses tandis que ses mouvements se font plus rapides. Je n'ose pas ouvrir les yeux. Me regarde-t-il ? Sent-il que je vais jouir ? Il s'active, sa queue glisse en moi, précise, rapide. Je n'en peux plus, j'ai envie de crier, de pleurer : j'ai envie de jouir. Il me défonce à grands coups de reins. J'ai envie qu'il se déverse en moi. Mon corps se met à suivre le sien. Quand il se crispe, je me mords les lèvres pour ne pas crier, mais mon corps me trahit. Je jouis avec lui, mes cuisses sont trempées. Je n'ai pas le temps de récupérer que, déjà, il se rhabille. Que me faut-il faire maintenant ? Il s'approche, j'ouvre les yeux. Il me regarde longuement, puis il s'en va en me lançant : « Au revoir, j'espère que nous nous reverrons. »

Alors, ça y est, c'est ça être pute ! Les billets sont là pour me confirmer que j'ai été plus loin qu'un simple jeu de rôle. Aujourd'hui encore, tout est confus dans ma tête. Je ne sais plus où j'en suis. C'est un choc fabuleux, ça n'a rien à voir avec les expériences que j'ai vécues jusqu'alors, et pourtant, certaines fois, les conditions ne sont pas bien différentes, à part l'argent.

Je ne regrette pas mon expérience, bien que maintenant je me dise que c'était drôlement risqué.

Il y a d'autres formes de prostitution, et beaucoup plus insidieuse. Parce que, ici, comme dans le fantasme où l'on rêve d'être violentée, cela doit toujours rester sur le plan de la rêverie érotique – cela ne doit pas se passer pour de vrai. Et, comme aucune femme n'espère vraiment être violée, aucune ne souhaite non plus être une esclave sexuelle dans la réalité. Mais certaines situations, effroyablement près de la réalité, n'en inspirent pas moins ce genre de fantasmes.

Une dame originaire des Gonaïves, femme de ménage au quotidien à Montréal, m'a néanmoins envoyé le récit de son fantasme. On en frissonne, mais je ne sais pas, entre nous, si c'est de plaisir ou d'effroi. Cela dit, je l'ai gardé et je vous le présente parce que, dans ce cas-ci, il s'agit d'un témoignage vraiment prenant. À vous de voir si c'est réalité ou fantasme...

Je suis Haïtienne, j'ai dix-neuf ans et je suis plutôt mignonne. Depuis quelques semaines, alors que dans le quotidien je suis femme à tout faire, je rêve d'être la petite chérie du couple pour lequel je travaille, pour ne pas dire leur petite pute. Ils ont la quarantaine, ils sont beaux tous les deux et très unis. Je vis dans leur maison, dans une banlieue chic de la Montérégie. Ils me gâtent, me couvrent littéralement de cadeaux – rien ne les y oblige –, pas d'argent, mais surtout des petites choses qui me font plaisir. J'en voudrais plus. Et je rêve d'en faire plus avec et pour eux.

Par exemple, je m'imagine, dès le matin, que plutôt que de leur servir le déjeuner dans la salle à manger, je vais les rejoindre dans le lit conjugal. Je porte alors une de mes plus jolies tenues sexy, un porte-jarretelles avec des bas blancs, un bustier tout en dentelle blanche qui laisse voir mes larges aréoles sombres et les pointes gonflées de mes seins. Ils sont assis confortablement, bien calés dans des oreillers. Je me vois me coucher alors en travers du lit, la poitrine sur les genoux de la femme, le ventre sur ceux de l'homme; elle s'occupe de mes seins, tandis que lui s'amuse à me caresser le sexe et les fesses. Il me pince la chatte entre les doigts, presse mon clitoris entre les lèvres de ma fente. Je m'abandonne langoureusement à leurs attouchements sans dire un mot, mais en me trémoussant de temps à autre. Si lui est plutôt du type silencieux, elle aime bien avoir recours à un langage cru, mais ce n'est pas tellement à moi qu'elle s'adresse comme à son mari: «Allez, chéri, caresse ses gros seins... Mets-lui un doigt, elle adore ça... Écarte bien ses fesses pour qu'on voie son con... Branle-lui le cul... Oh! Mais elle a l'air de bien mouiller, notre petite pute...»

À ce stade des préliminaires, elle finit habituellement par s'exclamer: «Regarde dans quel état elle a mis ta queue! Tu vas te faire mal à bander comme ça...» Elle me dit alors que son mari a besoin de se soulager au plus vite. Pour cela, elle me place sur le matelas, couchée sur le dos, et me maintient les cuisses écartées et relevées en les tenant par les chevilles. En invitant son mari à me défoncer la chatte, elle me demande si j'en ai envie: «Oh oui, j'en ai envie... Regardez comme je mouille... Regardez comme ma chatte dégouline...» Elle poursuit: «Et ton petit trou, il en a envie?» Je me mets à geindre, je me trémousse pour bien montrer comme je suis excitée. Mais lui aime faire durer le plaisir. Il applique vicieusement le bout de son gland contre ma vulve, le presse sur le clitoris, mais sans chercher à me pénétrer. Il entame un mouvement régulier d'avant en arrière. Il se masturbe avec ma chatte. Il se caresse ainsi à ma fente pendant de longues minutes. Je soulève les fesses de temps en temps pour faciliter le contact. Elle me titille les aréoles, excite la pointe de mes seins. Elle finit par se pencher pour m'embrasser, et nous échangeons un baiser profond qui dure longtemps pendant qu'il se masturbe toujours le long de ma fente.

Quand il se décide à me pénétrer, je contracte mes muscles pour que ma chatte lui enserre bien la queue et j'agite les hanches. Alors, elle écarte sa fente d'une main et se branle le clitoris pour exciter encore davantage son mari. Moi, je goûte toutes les sensations: les doigts de la femme sur mes seins, la queue de l'homme qui m'enfile, ses couilles poilues qui cognent contre mes fesses, et je suis si excitée que l'on entend des clapotis à chaque coup de queue dans ma chatte. Parfois aussi, il me couche sur lui et me fait rebondir sur son membre pendant qu'elle me pistonne le cul avec un petit godemiché.

Une fois qu'ils ont bien joui de moi tous les deux, ils me font sortir de la chambre pour faire l'amour rien qu'à deux – je les entends parce que je reste derrière la porte pour me branler. Puis, je les attends dans la cuisine pour le déjeuner. Et alors qu'ils boivent leur café, je passe sous la table pour les sucer l'un après l'autre. Souvent, malgré mon ardeur, je ne parviens pas à le faire éjaculer – évidemment, il vient de jouir dans sa femme. En revanche, je parviens toujours à la mener à l'orgasme. Je sais comment agiter ma langue juste au bon endroit pour la faire gémir de plaisir. Malgré cela, et étonnamment, pendant que je la lèche et la suce, elle arrive à discuter avec son mari. Après cela, ils me gratifient de quelques baisers tendres, de quelques caresses sur les seins, la chatte et le cul, et ils s'en vont chacun à leur travail.

Je profite alors de la journée pour faire le ménage et préparer le repas du soir – parce que c'est ce que je suis, en fait, une domestique, d'un genre un peu particulier, certes, mais néanmoins une domestique. Toutefois, comme mon horaire n'est jamais très chargé, j'ai également du temps pour flâner et me masturber en fantasmant sur ce qu'ils me feront à leur retour.

Oui, j'aime les queues. Comme la femme le dit souvent : « Celle-là, il lui faut se faire baiser et se faire enculer tous les jours, sinon elle a mauvais caractère. » Alors, aussitôt qu'ils reviennent du boulot – jamais elle ou lui ne m'ont baisée seul –, ils s'occupent de moi. Elle me fait mettre souvent à quatre pattes pour me lécher la chatte et le cul pour bien les préparer pour sa queue ; c'est aussi elle qui le suce et enfonce sa queue dans mes orifices. C'est elle aussi qui l'encourage à me baiser, à me défoncer la chatte, à me pilonner le cul, bref, à me remplir. Et elle n'est pas en manque d'idées pour nous faire jouir tous les trois ; chaque jour, elle nous réserve son lot de surprises. Je ne sais pas combien de temps ça va durer, mais en attendant je n'ai vraiment pas à me plaindre. Je suis leur domestique, leur « nounou », mais je crois qu'ils me gardent surtout parce que je suis la pute qui leur convient.

Dans le prochain récit, l'idée de prostitution n'est pas clairement affichée, encore moins avouée. Mais lorsqu'on en suit la trame, on voit que c'en est. Plus subtile, plus insidieuse. Parce que la prostitution, ce n'est pas toujours nécessairement l'échange de billets de banque contre des faveurs sexuelles. Ce récit est plutôt troublant parce qu'il met en scène une épouse et une mère ordinaire. En revanche, nous, épouse et mère, ne rêvons-nous pas souvent de flirter avec d'autres horizons ?

J'étais partie pour une gentille vie faite de routine et d'ennui, mais un jour, j'ai eu une révélation. Je tiens un petit commerce dans l'ouest de la ville, j'ai des jumeaux qui sont grands maintenant, et mon mari est routier. Il ne sillonne que le Québec, mais il est souvent absent pour la nuit. À une époque, il a peut-être été jaloux, mais à présent, lui aussi est coincé par la routine et ne fait plus guère attention à moi. Pourtant, je fais plus jeune que mon âge, avec mon visage sans rides et ma taille de guêpe. Et voilà quatre ans, j'ai découvert, pendant un week-end, le casino et ses sensations fortes! Aujourd'hui, tous mes fantasmes y sont liés.

J'y suis retournée assez régulièrement, avec mes fils, ou bien mon mari, pas seule. Et je gagnais! Pas des fortunes, on s'entend, mais je gagnais tout de même – c'était grisant. L'atmosphère fébrile, le luxe du décor, la fausse retenue des joueurs, les croupiers sérieux, tout ça m'excitait. Et dans les regards croisés, je recommençais à me sentir un peu femme. Tant et si bien que je suis devenue une habituée. Et, au bout de quelques mois, j'ai fini par repérer ceux qui étaient aussi des habitués. De loin, pour commencer. Et puis, à force de saluts, de sourires, et d'appétits aiguisés par le jeu, on se reconnaît, on entame la conversation, et c'est ainsi que je suis entrée dans ce cercle très particulier... C'est là que mon fantasme est né.

Un soir, au milieu de la nuit, j'imagine qu'on se retrouve à quatre: deux habitués que je connais bien, un de leurs amis et moi. Eux, en complet, moi avec ma petite robe. Eux, la cinquantaine grisonnante, une belle prestance, chirurgiens ou avocats, moi la petite commerçante mariée mais délurée, prête à tout pour me sentir exister. Ils m'offrent un verre à la terrasse d'un café très chic du centre-ville. Au quatrième, je sais que je suis dans un état de grâce totale. Comme nous sommes un peu oubliés sur notre terrasse, en ce début de septembre tiède, l'atmosphère se fait coquine. Mes messieurs se lancent des regards pervers, et des mains se mettent à me caresser les cuisses. Pour finir, leurs six genoux me font fait une banquette sur laquelle je m'étale. Offerte. L'un m'embrasse, l'autre caresse mes seins, le troisième glisse sa main dans ma culotte. Et moi, je glousse, heureuse... Je ne sais pas où je vais, mais j'y vais de bon cœur.

Là, mes mains fouinent entre les jambes de ces messieurs ; je commence aussi à sentir des doigts franchement inquisiteurs, qui chatouillent mon clitoris, me donnant des sensations presque oubliées ! Je me tords, je manque de tomber, des mains me retiennent gaillardement. Voilà ! Je suis prise en main. C'est bon ! Je suis si ivre que je ne comprends plus rien à leurs commentaires, mais j'entends : « Un, deux, trois », et six mains me retournent. À plat ventre sur leurs genoux, je sens, tout contre ma joue, un sexe bien dressé, tandis qu'entre mes fesses on me fouille. J'attrape la vaillante queue du premier type, que je porte à ma bouche. Et moi qui n'aime pas trop sucer mon mari, là, je me déchaîne. Je suis excitée comme une puce – je sais que lorsque je les reverrai, j'aurai droit à plein de jetons pour jouer. Le deuxième baisse la fermeture éclair de ma robe et me caresse le dos, et le troisième est vraiment très expert du bout des doigts ! Quand je reçois un jet de sperme tiède au fond de la gorge, je me délecte, tout étonnée. J'ai savamment léché ma première queue, qui est vite rentrée à la maison. J'avais encore du travail !

En me redressant maladroitement, puis en me faisant aider par ces messieurs, je chevauche à nouveau le deuxième. Son sexe est là, dressé pour moi ! Il a sorti de Dieu sait où une capote, qu'il s'est mise avant de s'enfoncer en moi. Pendant qu'il me pilonne, je me penche vers le troisième, qui m'a si bien servie, et je l'embrasse en caressant sa queue. Le deuxième type a joui assez rapidement, et tout naturellement ; sans rien comprendre, des capotes passent de main en main.

Je vais alors m'asseoir sur les genoux du troisième qui a l'air de vouloir quelque chose pour lui tout seul. Je fronce les sourcils ; il se trompe de trou, son doigt se glisse là où il ne faut pas ! Et puis je découvre, avec lui, que mon petit trou est tout lubrifié, bien élargi, comme s'il était prêt. Et ce qui devait arriver arriva, le troisième me fait découvrir le délice de la sodomie, que je n'aurais même pas soupçonné. Fin soûle – et toute à l'idée des jetons que j'aurais quand je les rencontrerais au casino –, je ne ressens pas de douleur, juste un enivrement supplémentaire. Trois messieurs pour trois trous, je ne pouvais pas mieux faire dans la même heure !

La terrasse a retrouvé son calme. Et moi, ma chaise ! On a commandé un dernier verre, on a parlé de tout et de rien, et j'ai entendu trois voix me féliciter. Du coup, on a pensé à faire les présentations. Tout ce beau monde était aussi marié que moi. Tout ce beau monde adorait le jeu et venait là régulièrement. Tout ce beau monde se retrouverait peut-être une prochaine fois ? À cette question, trois têtes se sont tournées vers moi. Et j'ai déclaré : « Quand vous voulez ! »

CHAPITRE 9

Faire l'amour à plusieurs

Faire l'amour à plusieurs est une pratique qui existe depuis des temps immémoriaux. Dans l'Antiquité, les Grecs et les Romains s'y adonnaient à plusieurs; l'histoire de Sodome et Gomorrhe, cités punies pour leur luxure, est là pour nous le rappeler! Faire l'amour à plusieurs reste le fantasme le plus fréquent chez les hommes et les femmes. Même si ce sujet est encore tabou et ne dépasse pas le cadre du fantasme, certains osent franchir le pas pour faire évoluer leur sexualité.

Il faut souligner que faire l'amour à plusieurs offre de nombreuses variantes, la plus populaire étant indéniablement le triolisme, une pratique impliquant trois partenaires, généralement un couple auquel s'adjoint un troisième partenaire sexuel, indistinctement une femme ou un homme. Quand la troisième personne est un homme, sa contribution est dévolue à la partenaire, avec deux hommes qui «s'occupent» d'elle, avec une forte valeur ajoutée d'exhibitionnisme envers le mari; en revanche, si cette troisième personne est de sexe féminin, pour la femme qui imagine ce fantasme, l'idée maîtresse consiste à faire l'amour avec une autre que l'on partage avec son amant.

Quand on parle d'échangisme, il s'agit ni plus ni moins que de troc de partenaires sexuels – le pluriel commence ici à quatre. Cette expérience, tout comme le fantasme lui-même, prolonge le mariage libre, ou le mariage ouvert, et le *sex group*. À l'arrière-plan de ce fantasme, comme de sa concrétisation, il y a une volonté affichée de faire fi de la jalousie et des contraintes de la monogamie, tout en laissant se profiler l'espérance d'une vie sexuelle plus enjouée, antidote à la morosité ou à l'ennui.

Comme vous le constaterez, la plupart de ces fantasmes sont plus élaborés; cela se comprend et s'explique par le fait qu'il y a plus de partenaires et que l'on cherche à bien camper le rôle de chacun. L'atmosphère que l'on crée n'est pas sans jouer un rôle.

L'idée de s'adjoindre un partenaire supplémentaire, même dans un fantasme, ne se fait cependant pas sans hésitation car il évoque aussi l'adultère d'une certaine façon. D'ailleurs, plus souvent qu'autrement, le fantasme naît de façon que je qualifierais d'insidieuse, en ce sens que nous n'imaginons pas nécessairement aller jusqu'au bout la première fois. Il peut s'agir d'un échange de baisers, d'un déshabillage furtif ou encore de quelques caresses plus osées. Ce n'est qu'avec l'utilisation récurrente de ce fantasme, alors que son évocation suscite moins d'excitation que nous le pousserons plus loin, que nous en ferons une version plus élaborée.

J'imagine mon mari proposer à son copain de rester manger avec nous. Tout au long du repas, je le sens me dévisager ; je suis un peu gênée, un peu mal à l'aise vis-à-vis de mon mari qui semble néanmoins s'amuser de ce petit manège. Puis, à un moment, discrètement, il me fait signe de le rejoindre dans la cuisine et il me dit : « Laisse-toi faire, je t'en prie ! Ce soir est le bon soir, fais-moi confiance. » Mon cœur se met à battre la chamade, je n'arrive pas à croire qu'il l'a fait : cette soirée est tout bonnement arrangée ! Je retourne m'asseoir, je prends ma tasse de café en espérant bien dissimuler mon malaise. C'est alors que notre ami glisse sa main sur mon genou. Je regarde mon amoureux qui, silencieux, me fait comprendre d'un clin d'œil que tout va bien. Mon embarras ne fait que s'amplifier, à la seule différence que, en toute sincérité, je sens des papillons dans mon ventre.

Mon chéri se lève et s'éclipse à la cuisine – c'est en quelque sorte le point de départ de ce qui va suivre. Notre ami me dit que je suis très séduisante et qu'il adore mes yeux. Il porte ses doigts à mes lèvres : «Comme ta bouche semble gourmande...» et alors que mon chéri revient, il retire à peine sa main. Profitant du fait qu'il se rend aux toilettes, je dis à mon mari : «Tout ça m'effraie un peu, je crois que je ne veux pas...» Mais il me fait comprendre que je n'ai pas le choix.

Je fais mine de bouder jusqu'à ce que je sente, surprise, les lèvres de notre ami sur mon cou. Il me caresse doucement de sa bouche. Il tourne mon menton avec sa main et pose ses lèvres sur les miennes. Je ne bouge toujours pas, mais je commence à mouiller. Sa main sur mon sein, il me caresse doucement. Mon mari, lui, regarde tout cela sans broncher, mais il a l'air d'apprécier. Puis, notre ami me fait me lever et me retire mon t-shirt. Je me retrouve en soutien-gorge devant lui et je suis maintenant pressée de connaître la suite des événements.

Mon chéri me demande d'embrasser notre invité. Je glisse ma langue dans sa bouche, doucement, sensuellement, et il répond à mon baiser avec autant de tendresse. Je me colle contre lui. Tout à coup, c'est comme si je me libérais complètement. Je pose délicatement ma main sur son sexe que je sens dur à travers son pantalon. Il détache son pantalon et guide ma main plus bas. Je regarde mon mari qui, d'un baiser amoureux soufflé, me donne son autorisation. Je n'ai jamais fait de fellation à un autre homme que mon mari. Je suis à la fois excitée et effrayée, mais je le fais. J'enfourne son sexe dans ma bouche et j'opère des mouvements de va-et-vient. Il a l'air d'apprécier, il garde ses mains posées sur ma tête, comme pour me soumettre – et je crois que j'étais soumise. Mon mari reste assis, à me regarder donner du plaisir à cet homme ; un rapide coup d'œil à son pantalon me rassure, il a une formidable érection.

Notre ami me demande d'aller plus vite ; j'ai la bouche qui me fait mal tellement je le suce avec fougue. Il repousse ma tête vers l'arrière et me dit de bien regarder sa queue. Il se masturbe rondement et me demande de tirer la langue. Je sais ce qu'il veut faire, alors je tire la langue, de manière très provocatrice. Il maintient ses testicules avec sa main, tout en continuant de se masturber. Son excitation doit être très forte, car il ne met pas longtemps à jouir sur ma langue, dans ma bouche et sur mon visage. Il reste de longues secondes, comme ça, sans bouger. J'ai du sperme qui dégouline le long du visage, dans mon cou, sur mon soutien-gorge. Il m'essuie avec une serviette et mon mari vient me serrer dans ses bras et me donne l'un de ses baisers que j'aime tant.

Notre ami part peu de temps après. Mon mari et moi avons besoin de nous retrouver seuls. Ce soir-là, nous faisons l'amour comme jamais auparavant. En nous endormant, je l'imagine me dire : « Je t'aime », avant d'ajouter : « La prochaine fois, nous irons plus loin... »

Parfois, ce n'est pas avec son partenaire que l'on rêve de faire l'amour à trois, mais plutôt avec un autre couple, souvent des amis, dont la femme ou l'homme suscite un certain désir. L'élaboration d'un tel scénario est aussi facilitée par le fait qu'il s'agit de proches et que nous les connaissons suffisamment pour nous sentir en confiance. L'exemple qui suit est typique de ce genre de fantasme.

Pourquoi ai-je accepté leur invitation ? Mais qu'est-ce qui m'a pris ? Je le sais : je suis partante pour une aventure à trois, c'est mon fantasme depuis longtemps. Mais voilà, je suis là. Et avant que mon hésitation me fasse tourner les talons, j'imagine que l'amant de mon amie me conduit rapidement à leur chambre tandis qu'elle s'absente pour aller nous préparer des cocktails.

Aussitôt que je suis près du lit, il m'allonge et se met à m'embrasser avec passion, avant que ses lèvres glissent sur mes joues, puis dans mon cou. Sentant que je m'abandonne – je ne suis tout de même pas insensible –, ses mains se mettent à courir sur mes cuisses et à fouiller mon intimité. Ses dents me mordent le cou et sa main fourrage dans mon entrecuisse, sur le tissu de ma petite culotte. Nous en sommes là lorsque sa compagne revient et pose les verres sur une table de nuit avant de nous rejoindre sur le lit. Sans gêne et sans hésitation, elle s'allonge à côté de moi et elle commence aussitôt à m'embrasser tandis que son mari poursuit l'exploration de mon corps. C'est la première fois qu'une femme m'embrasse ; d'ailleurs, je ressens un curieux désir monter en moi sous ses baisers de plus en plus torrides.

L'homme s'assoit sur le rebord du lit tandis que mon amie me déshabille et pose délicatement sa langue sur mon petit minou. Je suis dans un état second ; j'ai le cœur qui bat la chamade, les jambes qui tremblent. Mon corps ne demande qu'à être possédé. Sa langue, que ses mains rejoignent bientôt, me fouillent sans pudeur. Les gémissements de plaisir que je laisse échapper leur révèlent le plaisir que je prends. Lui reste toujours à l'écart, mais il ne rate rien du spectacle ; son amoureuse me fait d'ailleurs mettre à quatre pattes, le cul orienté vers lui, et se met à enfoncer trois doigts dans mon sexe, en imprimant des mouvements de va-et-vient rapides et profonds. Il ne me faut pas longtemps pour jouir.

Mon corps est enflammé, je suis impatiente de recevoir la queue de son amant. Mon amie s'interrompt quelques instants, en me disant de ne pas bouger. J'obéis, frissonnant à l'idée de la vue qu'ils doivent tous deux avoir de mon cul et de mon sexe. Je la sens se lever du lit ; lui se déplace, vient se placer devant moi et, prenant mon visage entre ses mains, il enfourne sa bite dans ma bouche jusqu'au fond de ma gorge. Je le suce sans gêne, sans retenue, excitée par les mots orduriers qu'il me lance et les encouragements que lui adresse son amoureuse. Plus il me traite de salope, de pute, plus je m'active sur sa queue. Tout à coup, sans que je m'y attende, toute concentrée sur la fellation que je lui fais, je sens quelque chose s'enfoncer en moi. J'ai un mouvement de recul, mais mon amie me saisit fermement les hanches. « Laisse-moi te baiser avec ce godemiché, me dit-elle. Laisse-moi t'enfiler, salope. Tu vas aimer. »

En l'entendant, elle me l'enfourne durement, si durement d'ailleurs que j'ai peine à continuer de sucer son amant. Mais il m'empoigne la tête et continue d'aller et venir dans ma bouche, visiblement décidé à ce que je le satisfasse. « C'est ça, l'entends-je me dire. Oui, continue... Oui. Je vais jouir. Oh oui... » Me tenant toujours la tête fermement, il me remplit la bouche de son sperme. Lorsqu'il se retire, le sperme dégouline sur mon menton. Je hurle de plaisir, lançant cette fois mes encouragements à mon amie qui ne cesse de me prendre avec force. « Baise-moi. Encore... J'en veux encore... Défonce-moi bien... » J'ai honte de moi, mais en même temps je suis tellement excitée que plus rien n'a d'importance, ni ce que je fais ni ce que je dis. Mon amie l'a compris et elle me pistonne rapidement, brutalement, jusqu'à ce que j'aie un orgasme incroyable et que je m'affaisse sur le lit. Épuisée. Inerte.

« Regarde-le me baiser », me dit-elle alors, en se plaçant à son tour sur les genoux et les mains, de façon que j'aie une vue parfaite de son sexe tout trempé. Son amant s'installe derrière elle et s'enfonce dans sa chatte, d'un seul coup, si profondément que son sexe disparaît complètement en elle. Puis il se met à la baiser. J'ai cru qu'elle m'avait baisée violemment, mais ce n'est rien à côté du traitement que son amoureux lui réserve ! J'entends sa queue claquer contre le sexe de sa femme chaque fois qu'il s'enfonce ; je l'entends gémir, entre douleur et plaisir. « Regarde comme c'est une salope, elle aussi, me dit-il. Regarde comme elle aime être défoncée. Regarde comme je vais bien la remplir. Ça va être pour toi... » Il ahane chaque fois qu'il s'enfonce ; elle geint sans retenue. « Voilà, salope... », dit-il en éjaculant à l'orée de sa chatte, avant de s'enfoncer à nouveau dans son sexe. Lorsqu'il se retire d'elle pour de bon, mon amie se retourne et s'allonge sur le dos, les jambes bien écartées ; lui se tourne vers moi et me pousse entre les cuisses de sa femme. « C'est à toi maintenant de t'en occuper... », me dit-il. Je n'ai jamais sucé une femme, mais je sais comment j'aime l'être, aussi je m'efforce de lui faire ce que j'aime me faire faire.

En effet, elle semble apprécier mes coups de langue. Je la lèche, je la suce ; j'aspire son clitoris entre mes lèvres et le mordille. Elle m'encourage : « Continue, ne t'arrête pas », me murmure-t-elle. Et je ne vais surtout pas m'arrêter ! L'odeur de son sexe et le goût de sa mouille m'enivrent. Je sens tout à coup le gode rouler contre moi. Sans cesser de m'occuper de sa chatte avec ma bouche, je fais signe à son amant de me le harnacher, puis je détache ma bouche de son sexe, m'agenouille entre ses jambes que je place sur mes épaules avant de la pénétrer aussi durement qu'elle m'a prise.

Plus elle gémit, plus elle couine, plus je m'enfonce en elle avec ardeur. L'entendre geindre m'excite, mais aussi la voir se tortiller et voir son sexe s'ouvrir pour accueillir le gode. Je la pénètre bien pendant une bonne dizaine de minutes, jusqu'à ce qu'elle se mette à pleurnicher avant de jouir. « C'est bien », me dit son amant en m'embrassant avec fougue et en me forçant à m'allonger sur le lit où il me prend de toutes les façons possibles sous le regard et les encouragements de sa chérie. Je jouis et je jouis encore, elle aussi ; il se déverse dans tous nos orifices.

Le fantasme de faire l'amour à trois peut aussi mettre en scène deux hommes inconnus. Comme il n'y a ici aucune notion d'attachement sentimental ou amoureux, le scénario, évidemment exclusivement sexuel, nous permet de nous projeter dans une situation que nous n'avouerions jamais à qui que ce soit et que nous imaginerions encore moins réaliser. Et justement, parce que ce fantasme recèle plein d'interdits, il est d'autant plus excitant.

Je rêve de me soumettre à deux hommes, mais comme je sais que je ne le ferai jamais, j'aime bien fantasmer à cette idée. Je m'imagine faire l'amour avec deux hommes rencontrés sur le Web, autrement dit des hommes qui ne me connaissent pas et vis-à-vis desquels je n'aurais aucune honte à me laisser aller.

Ils auraient commencé par m'envoyer des messages crus, me promettant une queue de vingt centimètres et une autre de dix-neuf pour emplir tous mes orifices. Je suis déjà excitée en dialoguant avec eux – les clavardages ont le don de m'exciter parce que cela me permet de discuter en toute liberté de mes fantasmes les plus inavouables. Je me décide donc, ce jour-là, à les rencontrer et nous nous retrouvons quelques heures plus tard dans le bar d'un hôtel du centre-ville. Le premier est dans la quarantaine, le second a la mi-trentaine. Après quelques verres – après tout, nous ne sommes pas là pour bavarder ! –, nous gagnons rapidement la chambre qu'ils ont réservée.

À peine la porte refermée, le premier prend aussitôt l'initiative. Il se déshabille rapidement et, la queue déjà bandée, il vient m'embrasser tout en pétrissant mes seins et en me caressant le cul. Je le laisse me déshabiller alors qu'il me murmure déjà des mots vicieux : « Tu vas voir, si tu adores baiser comme tu l'as dit, tu vas te régaler. On va te mettre comme jamais tu ne l'as été... » Après m'avoir dénudée et après m'avoir encore embrassée et caressée, ils me font asseoir sur le rebord du lit avant de se poster debout devant moi. J'entends : « Vas-y, suce-nous, salope... » J'empoigne les deux sexes raides et je les masturbe à tour de rôle tout en léchant les glands ; je malaxe leurs couilles, je les suce, je me déchaîne sur leurs queues. Je m'amuse à frotter les deux glands sur la pointe bandée de mes seins et je les avale, encore encouragée par les phrases obscènes qu'ils me lancent. Ils me traitent de salope, de petite garce, de pute... Leurs mots crus m'excitent encore plus. Ils se laissent aller tous les deux et j'aime ça. Je suis tellement excitée que je sens ma chatte couler comme une vraie fontaine.

Ils finissent par m'étendre sur le lit et se jettent sur moi sans ménagement. Mes seins sont douloureusement pétris, mes tétons pincés ;

ils lèchent ma chatte, mon petit trou, ils me pénètrent profondément avec leurs langues et leurs doigts. Moi, je n'arrête plus de gémir. J'écarte bien mes cuisses; je me tourne et je leur tends mes fesses. Je cherche leurs queues avec ma bouche et mes doigts. L'excitation est en train de me faire perdre complètement la tête. J'ai envie de me montrer vicieuse, salope.

C'est le premier qui décide de me prendre: il me fait mettre à quatre pattes sur le lit, m'oblige à bien cambrer mes fesses. Tout mon corps se met à frémir au contact de son gland épais qui vient presser ma fente – ma seule envie est qu'il m'empale, qu'il me bourre à fond. Le second s'est assis devant moi, les jambes bien écartées, et je le suce alors que l'autre me baise de toutes ses forces. Il me tire vers lui chaque fois qu'il s'enfonce en moi. Excité par ma docilité, il passe de mon sexe à mon cul et il recommence à aller et venir, mais entre mes fesses cette fois. De temps en temps, il se retire pour regarder mon trou bien ouvert, puis il m'encule encore. Les deux hommes se mettent d'accord pour se vider en même temps, et je jouis aussi alors que ma bouche et mon cul sont inondés par de longues décharges de sperme. Ils me laissent à peine le temps de me remettre que celui qui m'a déjà baisée me fait venir sur lui pour me prendre par-devant, tandis que le second me prend par-derrière. Nos corps sont déchaînés. Nous jouissons et recommençons encore et encore... Nous ne quitterons la chambre qu'après des heures torrides.

Autrefois tue, ou à tout le moins fort discrète, la pratique de l'échangisme véritable fait aujourd'hui beaucoup plus parler d'elle. En effet, si les bars, les clubs et autres lieux de rencontres échangistes étaient clandestins encore récemment, ils affichent aujourd'hui leurs activités au grand jour, ce qui révèle du coup qu'il existe de plus en plus d'adeptes. Mais ne nous le cachons pas, il y a beaucoup plus d'hommes que de femmes tentés par cette expérience, ce qui n'empêche cependant pas les secondes de fantasmer à l'idée.

Les premiers fantasmes que l'on élabore sur ce thème mettent souvent en scène des gens que l'on connaît, un couple dont on a «entendu dire que… » et où, parce que cela arrive aussi, c'est l'homme qui affiche une certaine résistance à l'idée. C'est le cas de ce récit, où l'on ne sait trop toutefois s'il a été rêvé ou réalisé.

Il y a si longtemps que je pensais à l'échangisme que c'en était presque devenu une obsession. Mais mon mari, à qui j'avais fait part de ce fantasme, était plutôt tiède et il n'avait visiblement pas envie de passer à l'acte, même pour me faire plaisir. Nous vivons ensemble depuis suffisamment de temps pour que l'usure de l'habitude et la perte de piquant me pèsent un peu plus chaque jour. C'est d'ailleurs sans doute ce qui explique que je me sois mise à regarder les autres hommes. Je dis bien « regarder », car je n'étais jamais allée plus loin parce que je suis fidèle. Derrière les regards, il y avait cependant une bonne part d'imaginaire et de fantasmes que j'élaborais. J'avais beau insister auprès de mon mari, le houspiller parfois, rien n'y faisait.

Puis, un jour, j'ai fait connaissance avec une grande blonde ayant des rondeurs parfaites, sans exubérance. Le type de femmes qui fait fantasmer mon mari – il faut dire que je suis plutôt très brune, petite, avec les rondeurs aux bons endroits. Alors, quand j'ai deviné au hasard d'une conversation (était-ce vraiment un hasard ?) que son mari et elle pratiquaient l'échangisme, je les ai invités à passer la soirée à la maison.

À peine est-elle entrée dans la pièce que je comprends que je vais enfin réaliser mon fantasme. Le regard de mon mari, habituellement indifférent aux charmes des autres femmes, s'y intéresse aussitôt. Il ne la lâche littéralement pas des yeux. J'ai prévenu mes invités de me laisser mener les « pourparlers ». Nous nous installons donc sur les canapés, la femme à côté de mon mari, moi-même à côté du sien ; chaque fois qu'elle bouge, mon mari semble piqué par une décharge électrique – il faut dire qu'elle prend un malin plaisir à croiser et à décroiser ses longues jambes, sans manquer de l'effleurer longuement de temps en temps. Mon mari devient cramoisi.

Lorsque la conversation bifurque sur le sexe, et plus particulièrement sur l'échangisme, à peine ai-je besoin de dire qu'ils le pratiquaient pour que l'homme demande à mon mari pourquoi il ne veut pas s'y essayer. Sans lui laisser le temps de répondre, il enchaîne en lui expliquant tranquillement qu'il ne s'agit là que d'une recherche un peu plus raffinée du plaisir et que tant que tout le monde est consentant, il n'y a pas de problème. Il pousse ensuite son avantage en disant à mon mari qu'il n'y a pas de mal à désirer la femme d'un autre et que sans doute, lui avait envie de sa femme sans oser se l'avouer. Puis il porte le coup de grâce en disant que, pour sa part, il bande déjà à l'idée de me sodomiser et qu'il n'a pas peur de cette idée. Mon mari est pantois, estomaqué. Hésitant aussi.

Sur ces mots, la femme se lève et se met à se déhancher devant son mari ; elle lui entoure la tête avec les bras et elle fait glisser sa bouche contre sa poitrine. Son mari n'en a pas pour autant terminé sa plaidoirie. Il demande à mon mari s'il n'aimerait pas que son épouse lui fasse la même chose. Mon mari finit par balbutier un oui timide. La femme n'attendait visiblement que ce signal. Elle se tourne vers lui, fait glisser la fermeture éclair de sa robe et se retrouve en soutien-gorge et en slip devant lui. Sa poitrine est ferme et bronzée ; ses petits bouts sombres et bandés sont une invitation à la main et à la bouche.

Je me lève et me rapproche de mon mari sur le canapé – je veux le guider dans cette première aventure. S'il a l'air hésitant lorsque je glisse ma main sous son short, je m'aperçois qu'il est plus que prêt à soutenir les assauts de la belle ! Elle continue à se dandiner devant lui et, de temps en temps, elle passe sa poitrine littéralement sous son nez. Soudain, il l'agrippe et, pendant que je continue à lui caresser la queue et que j'entreprends de lui retirer son pantalon, il se met à la lécher lentement devant moi.

Je suis tout émoustillée de voir mon mari avec une autre. Elle s'enroule autour de lui comme une liane et prend des poses aussi suggestives qu'obscènes. Elle se place rapidement à califourchon sur lui et s'enfonce sur sa bite en imprimant des mouvements de va-et-vient. Je me suis laissée glisser sur le sol et je le regarde la baiser. J'attrape ses bourses et je les caresse, sentant au passage le jus de sa chatte à elle que je lèche sur le bout de mes doigts.

Pour ne pas être en reste, son mari vient s'asseoir derrière moi. Il pose sa tête sur mon épaule et nous regardons tous les deux nos conjoints en pleine copulation – c'est presque magique d'être à la fois spectateurs et acteurs! L'homme glisse rapidement ses mains sous mon chandail, puis s'active sur ma poitrine, me disant crûment combien ça l'excite de jouer avec de gros seins comme les miens. Il les presse l'un contre l'autre et triture mes tétons, puis les fait doucement rouler entre ses doigts experts. Il délaisse ensuite mes seins pour glisser ses doigts entre mes cuisses. Je suis déjà trempée de voir mon mari et son épouse s'envoyer en l'air à quelques centimètres de mon visage. Les doigts de l'homme se faufilent entre les boucles de ma toison et s'attaquent à mon clitoris; ils le pincent, le titillent, le malaxent. Je ne peux presque plus garder les yeux ouverts tant je suis excitée.

Je me mets sur le dos; l'homme s'agenouille et me présente sa queue pour que je la suce. Je me régale; je le suce si bien et si fort qu'il éjacule rapidement. Sa crème chaude et âcre me coule dans la bouche. Il plonge aussitôt entre mes cuisses, je l'inonde de rasades de mouille qu'il lèche avidement. De leur côté, nos époux respectifs ont fini le premier round de leurs ébats. Elle a joui si fort qu'elle a dû réveiller tout l'immeuble! Maintenant, elle est assise et caresse négligemment la queue flasque et ensommeillée de mon mari, et tous les deux nous regardent faire.

Je me relève et attire mon partenaire sur une chaise. J'ouvre ma chatte toute grande et m'assois sur lui, face à lui; il s'introduit en moi. Comme il vient de jouir, sa queue est encore timide, mais sitôt qu'il glisse entre mes lèvres, son membre retrouve une seconde vie. Son gros membre me remplit – je me retrouve vite perdue dans les limbes. J'ai les bras qui gesticulent de façon désordonnée et je lui griffe les épaules pendant qu'il me défonce la chatte de sa queue toute raide. Il me pistonne comme un déchaîné et là, en quelques soubresauts, il jouit encore, précipitant mon orgasme. Nous reprenons notre souffle avant de nous relancer toute la nuit durant dans des sprints au plaisir.

Si le fantasme de faire l'amour à plusieurs fait plus souvent qu'autrement intervenir des partenaires des deux sexes, il arrive parfois que certaines femmes fantasment à l'idée de faire l'amour avec plusieurs autres femmes – de se soumettre à elles, et vice versa. On comprendra que cela mêle les ingrédients d'autres fantasmes, comme celui de faire l'amour à d'autres femmes, ou intègre des éléments de soumission-domination. Le récit que m'a fait une jeune femme s'inscrit dans ce contexte.

Nous sommes quatre copines d'une vingtaine d'années et nous adorons le sexe. Nous évoquons souvent nos expériences intimes et il est même arrivé que nous échangions quelques caresses ambiguës, sans pousser les choses plus loin. Peut-être nous connaissons-nous trop. Il n'empêche que, peut-être, comme moi, elles rêvent aussi de scénarios carrément pervers. En tout cas, je me plais à le penser et à imaginer le scénario qui suit.

Caroline nous retrouve toute la bande chez moi : elle sanglote, son petit ami vient de la laisser tomber. Nous tentons de la réconforter, surtout Magali, qui est très proche d'elle. Cette dernière se colle à elle, lui murmure des mots de réconfort, lui caresse tendrement le dos et les épaules. Toutes assises sur le grand divan, nous ne savons vraiment pas comment réagir. Mais lorsque Caroline se met à délirer et à dire que plus jamais elle ne se laissera prendre, que tous les hommes sont pareils, tous des salauds, l'ambiance devient trouble : nous avons toutes eu nos propres expériences désespérantes et nous avons aussi pensé la même chose. Mais lorsqu'elle ajoute qu'elle va nous prouver qu'elle peut se passer des hommes, qu'elle retire sa petite culotte, qu'elle ouvre les jambes puis écarte ses lèvres pour se caresser, l'ambiance est à couper au couteau.

Magali cherche bien à la calmer, mais Caroline l'attire contre elle en lui disant : « Toi, je sais que tu m'aimes, je veux que tu m'aimes. »

Magali hésite, nous regarde, puis ses doigts vont rejoindre ceux de Caroline qui s'activent sur et dans sa chatte. «Je vais chercher la caméra», dit Sandra, notre autre copine. Les autres ne protestent pas.

Quand elle commence à filmer, nos copines gémissent en se masturbant. Je glisse à mon tour ma main sous leurs corps et je touche des portions de chair humide. Caroline pousse un cri rauque. J'ai faim de ses lèvres et je glisse ma langue dans sa bouche ; une main caresse mes fesses. Quand Magali passe ses doigts le long de ma raie, je sursaute et frémis. «Non! Pas ça...» Mais elle continue et je la laisse faire. Puis elle enfonce l'index et le majeur dans mon sexe, les retire gluants de mouille et en barbouille mon anus. Je tente de me dégager, mais Caroline me tient : «Laisse-toi faire...» Magali lance à Sandra : «Fais des gros plans... Il faut qu'on voie sa chatte qui s'ouvre... Je vais la branler...» Elle chatouille mon clitoris, je cède et je creuse les reins pour ouvrir mon corps.

Magali se colle contre Caroline et moi ; je sens leurs rondeurs contre ma chair humide – nous avons une bonne odeur de femmes excitées. Lorsque Magali enfonce trois doigts dans mon cul, je suis conquise et le plaisir me submerge. Nous jouissons les unes après les autres.

Après, pour nous détendre, nous regardons les images qu'a tournées Sandra ; la coquine s'est focalisée sur nos seins, nos bouches et nos sexes. On voit des doigts gluants de mouille. On entend des gémissements. En jouissant, j'ai hurlé, saturant la bande son! Puis je constate que Sandra a été peu filmée puisque c'est elle qui tenait la caméra. «Nous allons y remédier, dit Magali, qui la ceinture, avant de lui enlever son string qu'elle porte encore. C'est moi qui suis chargée de filmer.

Lorsqu'elles la font mettre à quatre pattes, je fais des gros plans de sa fente et de son cul. Dessous, sa vulve s'ouvre, à peine ombrée de poils. «Sandra est une vraie hétéro, clame Caroline. Je propose qu'on utilise un vibrateur!» Je vais aussitôt chercher le mien dans un tiroir et je le remets à Magali qui l'enfonce aussitôt dans le sexe de Sandra, avant de le retirer tout luisant de mouille, de l'enfoncer à nouveau et, cette fois, d'y imprimer un mouvement rapide de pénétration. Puis elle le retire et le porte aux lèvres de Caroline qui le lèche goulûment en poussant d'adorables petits cris et en commençant à se masturber.

J'ai aussi droit au gode – et c'est délicieux, surtout avec le regard de mes amies rivé sur ma chatte. Mais le fin du fin, c'est Sandra qui tremble de tous ses membres ; je filme son visage, avant de faire courir l'objectif tout le long de son corps jusqu'à son cul. Alors, Caroline entreprend de l'enculer. Elle lui enfile l'engin avec douceur. Sandra geint, et moi j'ai la chatte qui ruisselle en la voyant se tortiller et être caressée. J'insiste sur les plans qui nous exciteront plus tard. Quand notre copine a joui, j'exige que cette fois ce soit Magali qu'on encule, puis moi.

Ce n'est qu'un fantasme, mais si vous saviez comme j'y rêve et combien il me donne du plaisir !

CHAPITRE 10

Essayer quelque chose de différent

C'est encore cette horrible pensée – «les filles bien ne font pas ça, n'y pensent même pas!» – qui vous amène à reléguer certains fantasmes dans un tiroir et à ne les retirer que de temps à autre, pour quelques instants d'excitation. Si des femmes sont particulièrement imaginatives, elles refusent plus souvent qu'autrement de parler de ces fantasmes avec leurs partenaires parce qu'elles craignent que si elles avouent prendre du plaisir à élaborer des scénarios plus ou moins pervers, elles risquent elles-mêmes d'être perçues comme vicieuses. C'est pourquoi elles les gardent bien souvent pour elles.

Dans les chapitres précédents, j'ai abordé les fantasmes féminins les plus courants, ceux que les femmes imaginent le plus et qui poussent parfois l'audace jusqu'à les mettre à exécution. S'ils sont les plus «populaires», il en existe bien d'autres; on pourrait même dire qu'il existe autant de fantasmes que de femmes puisque ces scénarios puisent à même notre histoire, à même notre vécu (ou notre non-vécu). Même si je dressais une liste, aussi longue soit-elle, elle ne saurait être exhaustive.

Pour terminer ce livre, voici trois fantasmes qui évoquent autant d'interdits sous le thème «essayer quelque chose de différent».

J'ai présenté, dans un chapitre précédent, différents fantasmes tournant autour de l'exhibitionnisme, mais il en existe aussi un autre type qui mêle, cette fois, exhibitionnisme et voyeurisme. Voir et être vue: un fantasme basique, mais qui est partagé par de nombreuses femmes si je me fie aux témoignages et aux récits que j'ai déjà recueillis. D'ailleurs, certains qui ont été présentés au fil des pages de ce livre y faisaient référence plus ou moins directement. Cette fois, aucun autre élément ne s'y greffe, sauf le plaisir de s'exhiber et de regarder.

Depuis longtemps, je rêve de mettre ce scénario à exécution. Même si je me masturbe souvent en l'évoquant, ma pudeur m'a toujours empêchée de le partager avec mon partenaire. Pourtant, je suis convaincue qu'il accepterait d'y participer.

J'aime beaucoup prendre du plaisir autrement que par la pénétration et satisfaire à la fois des pulsions de voyeurisme et d'exhibitionnisme. Aussi, de temps en temps, je rêve que nous nous installons, nus, l'un en face de l'autre; moi, assise sur un fauteuil, les cuisses sur les accoudoirs, les pieds sur la table et le corps penché vers l'arrière, ce qui laisserait la fente de mon sexe bien visible, ainsi que mon corps. J'imagine mon partenaire debout qui me regarde. Je commence par exciter mes seins, je mouille les bouts de salive et je les fais rouler entre mes doigts. En même temps, je regarde la queue de mon amant, raide et tendue, le gland violet bien décalotté, avec sa main qui s'agite et fait lentement coulisser la peau dessus – le regarder se masturber est quelque chose qui m'excite.

Quand je commence à sentir ma vulve bien humide, je la frotte, je presse mes doigts dessus, je joue avec mon clitoris. Puis j'utilise un godemiché que j'enfonce délicatement entre mes lèvres mouillées. Je le fais aller et venir avec douceur, en accélérant progressivement le rythme – il est assez fin, ce qui me permet de l'introduire dans mon anus dès que j'en ressens l'envie. Mon amant attend toujours que ce soit moi qui jouisse la première et, dès que je me laisse emporter sur la vague de l'orgasme, il éjacule sur moi, arrose mes seins, mon ventre et ma chatte avec le sperme chaud qui gicle de son gland. Juste à évoquer ce scénario, je sens ma chatte se mouiller...

On dit souvent que les hommes ne pensent qu'à «ça»: le plaisir de la fellation. Ce n'est pas toujours vrai – certains expriment des réticences, même si beaucoup ne l'admettent pas facilement. On dit tout aussi souvent que les femmes n'aiment pas «ça», ce qui est inexact, car certaines y prennent un plaisir qu'elles admettent volontiers.

Le récit qui suit est narré comme s'il s'agissait d'une histoire vraie: «C'est parce que c'est de cette façon que je me le raconte», m'a confié la femme. Mais il s'agit d'un fantasme. Nous ne poussons pas toutes aussi loin notre fantasme de la fellation, mais nous y reconnaîtrons toutes des éléments de celui auquel il nous arrive souvent de rêver.

La fellation est sans nul doute mon activité sexuelle préférée. J'aime sentir un sexe chaud et dur dans ma bouche, au plus grand plaisir de mon amant, soit dit en passant! J'aime tellement sucer et sentir son membre que j'ai parfois l'impression de retirer plus de plaisir que lui de cette pratique. Sans me vanter, je peux dire que je fais des jalouses parmi mes amies, bien au fait de mon habileté particulière. C'est d'ailleurs ainsi que, de fil en aiguille, j'ai décidé de mettre mes talents à profit en leur apprenant les rudiments de l'art de la fellation.

Le tout a commencé au cours d'une soirée plutôt arrosée. Un souper de filles mensuel, autrement dit l'endroit idéal pour parler de sexe! Une de mes copines nous a avoué qu'elle n'avait jamais fait de fellation à un homme, que cela la dégoûtait. Je lui ai demandé comment elle pouvait ne pas aimer cela. Elle m'a confié qu'elle ne savait pas vraiment comment faire. Sûre de moi, sans un instant d'hésitation, j'ai empoigné la bouteille devant moi et je lui ai fait une démonstration dans les règles de l'art. Ma langue s'est attardée sur le goulot de la bouteille, ma main faisant des va-et-vient langoureux, puis je l'ai enfoncée plus profondément dans ma bouche, en prenant bien soin de continuer les mouvements avec ma main. Toutes les filles se sont exclamées autour de la table. J'en suis restée là pour cette première leçon.

Le mois d'après, c'était à mon tour de les inviter pour notre rencontre mensuelle, mais comme ce jour était aussi celui de la Saint-Valentin, nous avons décidé de convier exceptionnellement nos petits amis à notre soirée. Fidèles à nos habitudes, la soirée a été très bien arrosée. Et c'est ainsi que j'ai proposé à mes amies d'assister à la deuxième leçon de mon cours de fellation. Elles ont paru très curieuses de découvrir de nouveaux trucs. Cependant, cette fois-ci, je ne me suis pas contentée d'une bouteille : mon copain a été mon cobaye.

Je lui ai bandé les yeux et il s'est installé au milieu du salon devant tous nos invités. Mes mains se sont promenées sur son corps s'attardant plus particulièrement sur ses fesses et son sexe. J'ai défait sa ceinture, lui ai retiré son pantalon, puis j'ai baissé son slip. Son érection était déjà gigantesque et j'ai senti que plusieurs filles étaient impressionnées devant la taille du sexe de mon copain. Mes mains se sont mises alors à se promener sur son sexe et ses testicules. Je suis envoûtée : mes yeux ne peuvent déjà plus quitter son pénis! Mes lèvres se posent alors délicatement sur son gland, puis je laisse ma langue folâtrer tout le long de sa verge. Mes mouvements sont fluides, langoureux.

Je remarque que quelques gars se caressent plus ou moins discrètement l'entrejambe. Tenant toujours fermement le sexe de mon amant entre mes mains, j'entreprends de décrire mes mouvements à notre public. «La fellation est un art, il faut montrer au gars que l'on aime son pénis, qu'on le désire. En fait, il y a trois trucs essentiels qu'il faut se rappeler. Premièrement, utilisez vos mains, caressez son membre, ses testicules, ses fesses aussi. Deuxièmement, employez votre salive comme lubrifiant. Enfin, troisièmement, amusez-vous, laissez-vous aller!» Puis, je reprends ma démonstration pratique! Ma bouche engloutit entièrement le sexe de mon amant, tandis que mes mains s'occupent à lui caresser les testicules. Je sais que je l'amène ainsi au paroxysme de son excitation, aussi je fais une pause.

Me tournant vers mes copines, je leur propose de mettre immédiatement en pratique les conseils que je leur ai prodigués. Une de mes amies – la seule célibataire du groupe – se lève et se dirige silencieusement vers nous, puis s'agenouille à côté de moi, avant de prendre la verge de mon amant dans sa main et de se mettre à la caresser. Pour ne pas être en reste, j'entreprends de lui lécher les testicules. Nos deux langues se touchent parfois, et je me surprends à aimer cette sensation. Sa bouche avale littéralement le sexe de mon amant, tandis que je laisse ma langue se promener dans sa toison pubienne.

À la réaction de mon amant, à ses frémissements, je comprends qu'il ne va plus tenir longtemps. Je prends à mon tour son sexe dans ma bouche en faisant des va-et-vient de plus en plus rapides. Je sens alors le premier jet toucher le fond de ma gorge, son sperme est chaud et bon; je dirige le second jet sur les lèvres de ma copine. Mon amant retire le mouchoir qui lui bande les yeux et est littéralement ravi de me voir lécher le sperme qui coule le long des lèvres de ma copine.

Le fantasme de la puissance de l'interdit puise littéralement à la notion de tabou, et ce, sous deux aspects. D'abord, le lien familial qui, même s'il n'est pas direct – consanguin –, a toujours été marqué du sceau de l'illégalité. Ici, la femme qui nous révèle ce fantasme y puise sans vergogne. Ce dernier s'inspire également, dans la suite qu'elle y donne, d'un autre interdit, à savoir une femme mûre qui débauche de jeunes adolescents. «Je vous le raconte comme lorsque je l'évoque et me caresse, m'écrit-elle. Même s'il a toute l'apparence d'un fait réel, sachez qu'il n'en est rien.»

Un soir, passant la soirée à la maison à regarder la télé avec le fils de mon mari, un ado de dix-sept ans, je constate qu'aussitôt que je tourne la tête, ses yeux se posent sur ma poitrine – assez grosse, je l'avoue – ou fixent mes jambes avec insistance. Après l'émission, au moment où je vais me coucher, je me rends à la salle de bain, en déshabillé, et je laisse la poste entrouverte pour vérifier ce qu'il fera. Même s'il essaie de se faire le plus discret possible, je le vois dans le reflet du miroir au-dessus du lavabo: il me regarde, dissimulé dans la pénombre du couloir. Me retournant d'un seul coup, il ne parvient pas à se cacher plus longtemps; il sait que je l'ai vu. Faisant mine de rien, prétextant une douleur dans le dos, je lui demande de me passer une pommade. Bien sûr, il accepte en rougissant. Je décide d'y aller à fond, d'assumer mon envie. Je retire mon déshabillé et me tourne vers lui, les seins nus, et lui tend le tube de crème. Je me retourne pour qu'il me masse le dos – il prend évidemment tout son temps, scrutant dans le miroir, avec de moins en moins de gêne, ma poitrine et mes tétons qui sont maintenant bien durs. Cela me trouble.

Aussitôt qu'il a terminé, il me fait la bise et disparaît dans sa chambre. Je termine ma toilette et alors que j'emprunte le couloir pour aller à ma chambre, j'entends des gémissements en passant devant sa porte. J'écoute, puis j'ouvre la porte, sans aucune bonne raison: il est allongé nu sur le lit et se masturbe. Il se tourne vers moi et me lance: «Tu m'excites tellement que je suis obligé de me soulager... Tu ne veux pas venir contre moi?» Je marche comme une somnambule et m'assois sur le côté du lit. Je sens sa main se poser sur ma cuisse et commencer à me caresser. Je sais que je devrais partir, mais je n'en ai pas envie – j'ai aussi le goût de lui. Je ne réagis donc pas, je le laisse prendre l'initiative.

Il se penche vers moi, m'attire vers le lit et, tout en m'enlevant mon déshabillé, il m'oblige à m'allonger; il parcourt mon visage de baisers, puis il entreprend de me lécher le corps. Lorsque sa langue atteint mon pubis, il arrache ma petite culotte avant de grimper sur moi pour me baiser de façon frénétique. Il est si excité qu'il ne lui faut que quelques minutes avant qu'il me remplisse de son sperme – c'est si bref que je n'ai même pas le temps de jouir. Mais je me reprends lorsque je regagne ma chambre en repensant à ce tabou que je viens d'enfreindre. Je nous imagine recommencer les jours suivants, cette fois avec moins de gêne et plus d'audace.

Le récit que cette femme m'a fait parvenir comporte d'autres descriptions, d'autres moments où elle s'abandonnerait à son beau-fils, mais ils sont tous de la même inspiration, sauf la conclusion qui, elle, nous laisse sans voix. Je vous laisse juger par vous-même – retenez seulement que *ce n'est qu'un fantasme.*

Il est un peu plus de vingt heures lorsqu'il me téléphone pour me dire qu'il a invité quelques copains pour prendre une bière à la maison. Il me demande aussi de me faire belle et sexy, car il leur a parlé de moi. Je suis un peu inquiète de ce qu'il a pu leur dire, mais je me plie à sa demande et je revêts un chemisier plutôt transparent et une jupe très courte. Je ne mets ni soutien-gorge ni slip, car j'imagine qu'il va vouloir faire l'amour une fois ses copains partis. Ils arrivent finalement vers vingt-trois heures, passablement éméchés. Mon beau-fils s'assoit près de moi sur le canapé, puis il commence à me caresser la cuisse, en disant : « Regardez comme elle a des jambes magnifiques. » Ses copains me dévorent des yeux. Ensuite, il me dit de danser avec lui. Je suis gênée, mais comme l'ambiance est à couper au couteau, je m'exécute pour ne pas empirer les choses – mais c'était mal pensé. Tout à coup, je sens sa main dégrafer ma jupe qui glisse le long de mes jambes, me laissant nue jusqu'à la taille. Je proteste, mais c'est en vain, d'autant qu'il sous-entend que notre secret pourrait ne plus en être un auprès de son père. Je le laisse donc m'embrasser et me caresser sans retenue devant ses copains, puis il me retire mon chemisier. « Voyez comme elle est belle, dit-il. Regardez comme elle est excitante. Je suis sûr que vous bandez tous! Sortez-les pour lui faire plaisir, elle n'aura jamais vu autant de bites à la fois...»

J'essaie de me détacher de lui, mais il me serre fortement, m'obligeant à faire face à ses copains. M'emprisonnant les mains derrière le dos dans l'une des siennes, il dégrafe son jean avec son autre main et sort son sexe. Je le sens contre moi. «Sois gentille, me dit-il à l'oreille. Tu ne voudrais pas que je révèle nos petits secrets à mon père...» Je suis d'autant plus pétrifiée que le chantage est clair cette fois-ci. Il m'attire vers le canapé, s'assoit, puis me force à m'agenouiller devant lui. «Suce-moi», m'ordonne-t-il. Je ne sais plus quoi faire. Je suis piégée. Je lui obéis : je prends sa queue dans ma bouche et je commence à le sucer. Je vois ses copains se masturber en me regardant.

Aussitôt après avoir éjaculé sur mon visage, il m'allonge sur le sol et me suce la chatte en me masturbant. Je jouis malgré moi. Il s'agenouille alors entre mes jambes, me tire le bassin vers lui et me pénètre brutalement. Je commence à gémir. Les autres garçons s'approchent de moi ; ils se mettent à me caresser les seins, à les téter et à les pincer. À tour de rôle, et parfois même deux à la fois, ils m'enfoncent leur queue dans la bouche. Ils me ferment les mains sur leur bite gonflée et m'obligent à les masturber. Ils éjaculent dans ma bouche, sur mon visage, sur mon corps. Je suis tremblante, pantelante. Puis ils se succèdent dans ma chatte, me baisant les uns après les autres et me remplissant de leur sperme. Le supplice dure toute la nuit.

Table des matières